"十二五"职业教育国家规划教材 ｜ 经全国职业教

高职高专酒店管理专业工学结合规划教材

U0560250

酒店服务礼仪

（第三版）

主　编　张秋垫

副主编　任杰玉

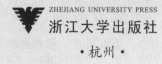

ZHEJIANG UNIVERSITY PRESS
浙江大学出版社
·杭州·

图书在版编目（CIP）数据

酒店服务礼仪／张秋埜主编. —3 版. —杭州：
浙江大学出版社，2023.7
ISBN 978-7-308-23968-4

Ⅰ.①酒… Ⅱ.①张… Ⅲ.①饭店—商业服务—礼仪
—职业教育—教材 Ⅳ.①F719.2

中国国家版本馆 CIP 数据核字(2023)第 115258 号

酒店服务礼仪(第三版)

JIUDIAN FUWU LIYI

主　　编　张秋埜

副主编　任杰玉

策划编辑
　　　　　徐　霞(xuxia@zju.edu.cn)
责任编辑

责任校对　秦　瑕

封面设计　卢　涛　周　灵

出版发行　浙江大学出版社
　　　　　(杭州市天目山路 148 号　邮政编码 310007)
　　　　　(网址:http://www.zjupress.com)

排　　版　杭州青翊图文设计有限公司

印　　刷　浙江临安曙光印务有限公司

开　　本　787mm×1092mm　1/16

印　　张　11.75

字　　数　251 千

版 印 次　2023 年 7 月第 3 版　2023 年 7 月第 1 次印刷

书　　号　ISBN 978-7-308-23968-4

定　　价　39.00 元

　　中国是礼仪之邦,礼仪文化历史悠久、博大精深。习近平总书记在全国高校思想政治工作会议上强调:"要坚持把立德树人作为中心环节,把思想政治工作贯穿教育教学全过程,实现全程育人、全方位育人,努力开创我国高等教育事业发展新局面。"①目前,思想政治性贯穿礼仪课程全过程是提升课程内涵的必然趋势,也是传承中华传统美德、弘扬社会主义核心价值观的时代要求。通过礼仪课堂的教学,关注学生道德修养的提高、学生个人形象的塑造、道德修养和职业素养的提升。酒店服务礼仪课程不只是要让学生知礼、懂礼,更要让学生透过礼仪的表象,解读其所承载的文化和人文精神,使大学生在传播传统文化及人文精神方面发挥其社会主体作用。因此,我们对《酒店服务礼仪》教材进行了修订。

　　本教材是在职业教育能力本位课程改革的探索中结合酒店专业服务要求及教学过程的实际经验编写的,多年来得到专业人士与课程教师的肯定,本次修订保持了原教材在编写体例、内容序列方面的一致性与延续性,选择内容充分贴近酒店管理岗位的基本要求,对酒店管理专业的大专类学生,是理想的教材选择。本课程的目标是让学习旅游酒店管理的学生能更好地应用服务礼仪规范,并将规范融入内心而形成行为习惯,从而提高从事人员的素质修养。

　　众所周知,礼仪是以"尊重"为基础的行为规范,规范需要实践才能内化于心,不能仅停留在知识层面。新版教材秉承简约、实用、够用的风格,坚持突出酒店行业的特点,力求做到专业、系统地综述酒店服务活动中的礼貌、礼节和礼仪知识。同时重视基本理论的分析和研究,在阐述问题时注重理论与实际相结合,力图体现理论的探索性、知识的综合性、操作的可行性、实用的指导性、体系的创新性等原则,引导学生将服务礼仪的学习从课内向课外延伸。

---

　　① 吴晶,胡浩. 全国高校思想政治工作会议 12 月 7 日至 8 日在北京召开[EB/OL]. (2016-12-08) [2023-03-01]. https://www.gov.cn/xinwen/2016-12/08/content_5145253.htm.

我们认为要提高学生的礼仪知识与礼仪素养,仅靠课内教学时间是不够的,还希望引导学生在课外进行学习和积累。同时,在课堂教学教法上进行探索与尝试,因此,新版教材作了如下引导。

1. 通过礼仪课程传递文化自信

习近平总书记指出,"优秀传统文化可以说是中华民族永远不能离别的精神家园","老子、孔子、墨子、孟子、庄子等中国诸子百家学说至今仍然具有世界性的文化意义"①。这充分体现了党对传统文化认识的新高度,标志着党的文化自觉、文化自信的新境界。礼仪课程须特别重视中华传统优秀文化的传承,将我国优秀传统文化与个人行为规范相结合,强化大学生的国家及民族意识,并通过酒店这一窗口得以传播。

2. 教材内容数字化立体化

在新版教材中穿插加入了进一步的知识学习内容和实践操作要求(在二维码中体现),引导学生在课前课后自学理解,以此达到减少授课教师在课堂上的泛论时间,重点讲授难点与现实工作生活中的应用意义,增加实际操作与规范的练习与指导,增强学生对礼仪规范的敬重感。

3. 增加了部分模块能力训练的项目及项目强度

其目的是希望学生通过理论学习而能更好地应用已学的礼仪知识。能力训练不仅是技能的熟练,更是要通过技能训练,提升学生团队合作、耐心沟通、关注细节、灵活应变、创新赋能和主动应用专业技能的综合能力。特别是综合项目的设计与实施,让教与学结合,使服务礼仪的学习乐在其中。

4. 配套课程能力标准及每一模块的教学组织建议

每一位教师都有各自的教学特色,教师可以根据学生的实际情况进行教学设计,让学生尽可能地参与其中,增加礼仪规范的渗透,增强学生应用规范礼仪后的美感体验,享受在项目练习过程中因合作互助而带来的友谊和快乐,最终达成礼仪素养的提升。

感谢杭州远洋凯宾斯基人力资源总监 Marissa 对本教材的支持。我们希望新版《酒店服务礼仪》能更加切合当下教师与酒店专业人士对服务礼仪课程的期待。但限于编者水平,在本次修订的教材中,仍难免会有疏漏和不当之处,恳请批评指正。

张秋堃于杭州
2023 年 3 月

---

① 井琪,崔宪涛. 传承和弘扬中华优秀传统文化——学习习近平总书记系列重要讲话体会之九十[EB/OL]. (2015-07-22)[2023-03-01]. http://theory.people.com.cn/n/2015/0722/c83859-27343299.html.

CONTENTS
目录

模块一　认识酒店服务礼仪　/ 1

学习目标　/ 1

课前测试　/ 1

案例导入　/ 1

知识储备　/ 2

　　一、什么是礼仪　/ 2

　　二、酒店服务礼仪　/ 3

　　三、角色定位与服务意识　/ 8

能力训练　/ 13

　　项目一：对酒店服务礼仪的认识　/ 13

　　项目二：判断并分析礼仪的范畴　/ 14

　　项目三：测试个人礼仪状况　/ 14

　　项目四：学习角色定位及心态调整　/ 17

知识拓展　/ 18

　　礼仪的产生与发展　/ 18

思考与练习　/ 20

模块二课前准备　/ 20

模块二　酒店服务人员的仪容仪表　/ 21

学习目标　/ 21

课前测试　/ 21

案例导入　/ 22

知识储备　/ 22

　　一、概　述　/ 22

　　二、仪　容　/ 23

三、仪　表　/ 26

能力训练　/ 28

项目一：化淡妆训练　/ 28

项目二：系领带训练　/ 29

项目三：穿工装、服饰搭配训练　/ 30

知识拓展　/ 30

化妆美容知识　/ 30

系领带的要领　/ 30

服饰色彩搭配　/ 32

思考与练习　/ 32

模块三课前准备　/ 33

模块三　酒店服务人员的仪态　/ 34

学习目标　/ 34

课前测试　/ 34

案例导入　/ 34

知识储备　/ 35

一、概　述　/ 35

二、表情语　/ 36

三、动作语　/ 37

能力训练　/ 45

项目一：微笑、目光训练　/ 45

项目二：站姿训练　/ 46

项目三：走姿训练　/ 46

项目四：坐姿训练　/ 47

项目五：蹲姿训练　/ 47

项目六：手势训练　/ 47

项目七：鞠躬礼训练　/ 49

项目八：综合训练　/ 49

知识拓展　/ 50

酒店服务人员常见的不良举止　/ 50

思考与练习　/ 51

模块四课前准备　/ 51

模块四　酒店服务的语言艺术　/ 52

学习目标　/ 52

课前测试　/ 52

案例导入　/ 52

知识储备　/ 53

　　一、酒店服务语言的概述　/ 53

　　二、酒店服务语言的应用　/ 67

　　三、服务语言艺术的培养途径　/ 77

能力训练　/ 77

　　项目一：酒店"十字"礼貌用语、迎候语言　/ 77

　　项目二：交流语言　/ 78

　　项目三：电话语言　/ 78

知识拓展　/ 81

　　诚恳的态度　/ 81

　　得体的语言　/ 81

　　敬语、谦语和雅语　/ 82

　　酒店服务礼貌用语中英文应用举例　/ 83

　　服务忌语　/ 91

思考与练习　/ 92

模块五课前准备　/ 94

模块五　国际交往接待礼仪常识　/ 95

学习目标　/ 95

课前测试　/ 95

案例导入　/ 95

知识储备　/ 96

　　一、国际接待礼仪原则　/ 96

　　二、迎送接待礼仪　/ 97

　　三、礼宾次序与国旗悬挂法　/ 106

能力训练　/ 107

　　项目一：宴会桌次和座位的排列　/ 107

　　项目二：涉外会议的座次排列　/ 107

知识拓展　/ 107

　　涉外活动中坐车位置的讲究　/ 107

我国主要客源国概况　/ 107

思考与练习　/ 109

模块六课前准备　/ 109

模块六　会议服务礼仪　/ 110

学习目标　/ 110

课前测试　/ 110

案例导入　/ 110

知识储备　/ 111

一、会议的概念　/ 111

二、会议的类型　/ 112

三、会前准备服务礼仪　/ 112

四、会议期间的服务礼仪　/ 118

五、会后服务礼仪　/ 122

能力训练　/ 122

项目一：习惯培养；会议名卡（台签）摆放　/ 122

项目二：倒茶、续水姿势练习　/ 123

项目三：敬茶姿势练习　/ 123

项目四：会议台型设计　/ 124

项目五：衣帽间服务　/ 124

项目六：会间茶歇服务　/ 124

项目七：会议服务综合礼仪　/ 124

知识拓展　/ 125

新闻发布会服务礼仪　/ 125

展览会服务礼仪　/ 126

开业、剪彩、颁奖仪式服务礼仪　/ 126

思考与练习　/ 128

模块七课前准备　/ 130

模块七　酒店服务礼仪综合训练　/ 131

学习目标　/ 131

课前测试　/ 131

案例导入　/ 132

知识储备　/ 133

一、概 述 / 133

二、酒店各岗位服务礼仪规范 / 133

能力训练 / 147

项目一：前厅服务礼仪 / 147

项目二：客房服务礼仪 / 148

项目三：餐饮服务礼仪 / 149

项目四：宴会服务礼仪 / 151

项目五：其他服务礼仪 / 152

项目六：专题仪式礼仪综合训练 / 153

知识拓展 / 153

处理客人投诉 / 153

思考与练习 / 158

综合训练 / 159

综合实践案例：酒店婚礼仿真实训 / 160

模块一　认识酒店服务礼仪

学习目标

知识目标——礼仪的定义、原则和作用；酒店服务礼仪的定义、内容及在酒店经营中的重要意义。

能力目标——准确进行角色定位，树立良好的职业心态和职业意识。

课前测试：

看一段酒店前台或餐厅服务的录像，找出不当的礼仪环节和对话，引课。

酒店服务无小事

实习生小C被分配到前厅接待岗位工作，经过培训与跟班实习，考核合格后上岗。可在独立上班的第一天就被客人投诉，小C觉得很委屈："我已经按规定的时间与流程为客人办理了入住手续，没有差错啊！"酒店AM与客人沟通后说小C在服务过程都没有看客人一眼，客人觉得小C瞧不起他们，服务不用心。小C小声地辩解："那是因为我紧张不敢看啊。"AM让小C向客人道歉，客人最终原谅了小C。

案例分析：酒店服务除熟练掌握服务流程技能外，给客人最敏感的就是礼仪礼貌，与客人服务交往中，如何进行正确的目光对视就是礼仪问题，过多过少都是对客人的不尊敬。如果是外宾接待不符合国际惯例，还会影响到国家的声誉。由此可见，一个很偶然的小疏忽，也会因小失大。

在酒店接待服务过程中，事无大小，一定要符合礼仪规范。掌握礼仪的基本常识，结合岗位的要求和提高自身道德修养的需要，努力在实践中运用，在熟练掌握本职工作业务和技能技巧的基础上，真正胜任本职工作，成为酒店业的合格人才。

知识储备

一、什么是礼仪

要真正了解礼仪,首先应明确礼仪的基本含义。

在一般人的表述之中,与"礼"相关的词最常见的有三个,即礼仪、礼节、礼貌。在大多数情况下,它们是被视为一体,混合使用的。其实,从内涵上来看,三者不可简单地混为一谈。它们之间既有区别又有联系。

什么是礼仪

（一）礼貌

礼貌,一般是指在人际交往中,通过语言、动作向交往对象表示谦虚和恭敬。它侧重于表现人的品质与素养。

（二）礼节

礼节,通常是指人们在社交场合相互表示尊重、友好的惯用形式。它实际上是礼貌的具体体现方式。它与礼貌之间的相互关系是:没有礼节,就无所谓礼貌;有了礼貌,就必然需要具体的礼节。

（三）礼仪

礼仪,是对礼节、仪式的统称。它是指在人际交往中,自始至终地以一定的、约定俗成的程序、方式来表现的律己敬人的完整行为。

显而易见,礼貌是礼仪的基础,礼节是礼仪的基本组成部分,礼仪的内涵更深、更广。礼仪,实际上是由一系列具体的、表现礼貌的礼节所构成的,也是体现律己、敬人的个人修养。它不像礼节一样只是一种做法,而是一个表示礼貌的系统、完整的过程。既有硬的礼仪规则,也有软的礼仪意识,有了良好的礼仪意识,才能更准确地应用礼仪规范。从本质上讲,三者所表现的都是对人的尊敬、友善。

有鉴于此,为了更完整、更准确地理解"礼",采用"礼仪"这一概念来对此加以表述,是最为可行的。

"礼"的核心是尊重,"仪"是表达尊重的方式。

站在不同的角度上,还可以对"礼仪"这一概念作出种种殊途同归的界定。

从个人修养的角度来看,礼仪可以说是一个人的内在修养和素质的外在表现。

从道德的角度来看,"道德仁义,非礼不成"。礼仪可以被界定为为人处世的行为规范,或曰标准做法、行为准则。因此,在 2001 年 9 月中共中央公布的《公民道德建设实施纲要》及 2019 年 10 月中共中央、国务院印发的《新时代公民道德建设实施纲要》中，都将"礼"列为我国公民的基本道德规范之一。

从交际的角度来看，礼仪可以说是人际交往中一种实用的艺术，也可以说是一种交际方式或交际方法。

从民俗的角度来看，礼仪既是在人际交往中必须遵行的律己敬人的习惯形式，也是在人际交往中约定俗成的示人以尊重、友好的习惯做法。"礼出于俗，俗化为礼。"简言之，礼仪是待人接物的一种惯例。

从传播的角度来看，礼仪是一种在人际交往中进行相互沟通的技巧。

从审美的角度来看，礼仪是一种形式美，它是人心灵美的必然的外化。

了解上述各种对礼仪的诠释，可以进一步加深对礼仪的理解，并且有利于更为准确地对礼仪进行把握。

二、酒店服务礼仪

（一）酒店服务礼仪的定义

酒店服务礼仪是酒店从业人员在服务过程中对服务对象表示尊重的一种规范化行为。它是在酒店服务工作中形成并得到共同认可的礼节和仪式，同时也是酒店从业人员在自己的工作岗位上应该遵守的礼仪规范，属于职业礼仪。

什么是酒店
服务礼仪

酒店服务礼仪的宗旨是礼貌服务、客人至上。主要表现在全心全意为客人服务的理念上，要求在服务工作中以本国国情、民族文化和道德为基础，讲究服务艺术，遵守服务礼仪规范；尊重客人风俗习惯和宗教信仰，关心客人，使客人获得满意的感受，认可酒店的服务，从而赢得更多的回头客，树立良好的个人形象和酒店形象。

（二）酒店服务礼仪的原则

酒店服务礼仪以礼仪为基础，并渗透到服务的每一个环节和过程。在学习和运用酒店服务礼仪的过程中，应掌握一些具有普遍性、共同性、指导性的礼仪规律，举一反三，应用自如。

酒店服务礼仪的原则归纳起来有以下八个方面。

1. 尊敬原则

"治礼，敬为大"，"守礼莫若敬"。这是中国的古训，也说明礼的核心就是尊敬。你要得到别人尊重吗？首先你必须自尊，更应懂得尊重他人。酒店服务礼仪的规则也是围绕着自尊和尊人这个核心而制定的。掌握了尊敬原则，就等于掌握了酒店服务礼仪的灵魂。

2. 遵守原则

礼仪是约定俗成的，是人们共同遵守的社会规范。这种社会规范是为维护社会稳定而形成和存在的，反映了人们的共同利益和要求。酒店服务从业人员都应自觉遵守酒店服务礼仪规范。这样才更能提升质量，顾客才更能得到最佳服务。

3. 真诚原则

"著诚去伪，礼之经也"，真诚是礼仪的真谛。酒店服务礼仪也应是发自内心对人真诚的尊重、关心和爱护，并用自然得体的言行表达出来的行为。表里不一的行径是对礼仪的玷污。真正彬彬有礼的君子则应是表里一致、内外和谐统一的人。真诚是礼仪的本质要求。

4. 适度原则

适度原则要求人们在运用礼仪时，为了保证取得成效，必须注意技巧，合乎规范，特别要注意做到把握分寸，讲究得体。这是因为凡事过犹不及，运用酒店服务礼仪时，假如做得过了头，或者做得不到位，都不能正确地表达自己的自律、敬人之意。当然，运用酒店服务礼仪要真正做到恰到好处，恰如其分，因地制宜，因人而异，只有勤学多练，积极实践，此外别无他途。

5. 宽容原则

礼之用，和为贵；人无完人，金无足赤。在酒店服务中，客人可能会因为文化层次、风俗习惯、职业、年龄等，而产生失礼行为。出现这种情况时，服务人员也应以宽容的态度原谅对方。

6. 平等原则

礼仪作为一种社会规范，任何人都有平等使用的权利。酒店服务礼仪的使用范围不能因身份、地位、收入、职业等的不同而不同。在服务过程中，应一视同仁地平等对待对方，按礼仪要求尊重对方，不能厚此薄彼，区别对待。

7. 自律原则

在人们的工作生活中，法律是必须遵守的规则，而礼仪属道德范畴，需要在工作生活中的方方面面自律地去遵守，是人际关系得以发展与维持的基础。

8. 从俗原则

礼源于习俗，各地由于地域、民族、宗教及历史发展的不同而形成了各种不同的礼仪礼节的表达方式。酒店服务人员要尊重客人所习惯的礼仪礼节表达方式，并尽可能用客人认同的礼节回敬及服务客人。

（三）酒店服务礼仪的内容

酒店服务的标准是热情、礼貌、主动、周到和耐心。对于酒店服务人员来说，酒店服务礼仪一般体现在个人基础礼仪、岗位礼仪、相关礼仪三个方面。其中，个人基础礼仪主要包括仪表、言谈、举止等；岗位礼仪主要包括前厅服务礼仪、客房服务礼仪、餐饮服务礼仪、康乐服务礼仪、会议服务礼仪等；相关礼仪主要包括跨文化交往礼仪、习俗宗教礼仪等，具体内容将在各模块详细阐释。

（四）酒店服务礼仪的作用

礼仪贯穿于酒店服务工作的始终。重视礼仪对改善员工服务形象，提高员工的服务水平有积极作用。同时也会为酒店赢得良好的经济效益和社会效益。酒店服务礼仪的作用具体表现在以下几个方面。

1.酒店服务礼仪是酒店竞争的需要

在改革开放大潮的推动下，中国旅游业虽然起步晚，但发展十分迅速。随着旅游业的发展，酒店业发展亦十分迅速。酒店越开越多，加剧了酒店之间的竞争，客人对酒店的服务要求也越来越高。酒店业竞争激烈，大浪淘沙，这对每一家酒店都是一个考验，同时也是一次难得的机会、一次友好的挑战。要立于潮头，居于不败之地，酒店管理就要有一种危机感，居安思危，与国际惯例接轨，参与国际竞争。因此，酒店要在激烈的竞争中取胜，就要争取更多的客源，以优质的服务赢得客源，走以质取胜的道路。质，就是优质服务，服务礼仪是酒店提供优质服务的重要内容和基础。如果不讲服务礼仪，酒店员工一不小心，一句话就可以把客人"赶跑"。

2.文明有礼是酒店服务的一个重要内容，可提高客人满意度

酒店是综合性很强的服务企业，既能为客人提供吃、住、购、游、娱等比较齐全的服务设施，同时又能给客人提供满意的服务，它奉行的服务宗旨是客人至上、服务周到、文明有礼。酒店服务人员只有做到礼貌服务才能够使客人满意，给客人留下美好的印象，同时也能弥补设施等硬件方面的不足。反之，即使是具有一流的服务设施，但若对客人冷若冰霜、傲慢无礼，客人也会望而却步。有好的服务质量，即使硬件略差，也会得到客人谅解。

3.服务礼仪是提高服务质量的保证

当今酒店林立，客源市场竞争激烈。客源是酒店的财源，是酒店赖以生存和发展的基础，创造客源，最根本、最基础的措施就是靠提高服务质量。以质取胜，创造客源，这是世界酒店的成功之道。当然，酒店管理人员的管理水平高低影响着服务质量，服务员的服务技能在很大程度上也决定着酒店的服务质量，因为客人是否住店，住店后下次是否还住此店，服务员的素质、形象、仪表、举止、言行更直接影响客人的

选择。一句话,酒店员工的礼仪风范是决定客人是否购买酒店这一特殊服务的因素之一。服务礼仪是提高服务质量的保证。

4. 服务礼仪是评价酒店水平的标准之一

客人对一家酒店的评价,不仅仅取决于它的硬件设施,更多的是客人的一种心理感受。创造这种感受除了硬件之外,更主要的是依靠酒店员工的服务水准。现代最佳酒店的十条标准,第一条就是:"要有一流的服务员,一流的服务水平"。在酒店的物质条件确定的前提下,酒店员工素质是否达到一流水平是关键因素,而酒店员工素质要达到一流水平,其中很重要的一条就是要仪表、礼节优良,这一条是必不可少的。

作为酒店员工,必须掌握服务礼仪知识,否则,就容易引起客人的不满与误会,从而影响服务质量,损害酒店声誉,甚至影响国家形象。

(五)学习酒店服务礼仪的方法

礼仪修养是一个自我认识、自我养成、自我提高的过程,必须经过有意识的学习、效仿、积累而逐步形成,需要高度的自觉性。只有把礼仪修养看作自身素质不可或缺的一部分,是完美人格的组成部分,是事业发展的基础,才会真正有自觉意识和主动性。酒店从业人员学习礼仪,提高自身礼仪修养可以通过以下途径实现。

1. 联系实际

酒店从业人员交际、接触的对象较多较复杂,懂得的礼仪知识越广博、越全面,在待人接物时就越能应对自如,所以首先要加强理论学习。古今中外的礼仪知识博大精深,只有坚持学习、用心领会、注意积累,才会使自己的礼仪知识日渐丰富、系统起来。同时礼仪本身就是一门应用学科,在学习过程中,务必要坚持知和行的统一。要注重实践,将知识运用于实践,不断地从实践中学习。

2. 重复渐进

学习过程中不可贪多务得,细大不捐,而应当有主有次,抓住重点。若从与自己最密切的地方开始,往往可以事半功倍。当然必须注意,学习礼仪是一个渐进的过程。对一些规范、要求,只有反复运用、重复体验,才能真正掌握。

3. 自我监督

古人强调提高个人修养要注意反躬自省,"吾日三省吾身"。学习礼仪,对自己既要在这方面有所要求,又要处处注意自我检查。这样,将有助于发现自己的缺点,找出不足,将学习、运用礼仪真正变为个人的自觉行动和习惯做法。

4. 多头并进

在学习礼仪的同时,不应将其孤立于其他学科,而应当将这种学习,与其他科学、文化知识的学习结合起来。这样做,不但可以全面提高个人素质,而且还有助于个人更好地掌握、运用礼仪。

从总体上看,礼仪是由一系列的规范、程式、活动所构成的。学习礼仪,要讲全面性、系统性,但是不能烦琐,不能脱离实际,死抱着条条框框不放。礼仪根据具体情形恰当应用是很重要的。

(六)学习酒店服务礼仪的意义

学习的目的在于运用。当前,礼仪之所以被提倡,受到社会各界的普遍重视,主要是因为它具有多重重要的功能,既有助于个人,又有助于社会。学习酒店服务礼仪既可在对客服务中提高客人的满意度,又可以给自己及客人双方以美的享受。其意义主要包括以下几个方面。

1. 加强职业素养,提高自身修养

在酒店服务中,通过服务人员对礼仪运用的程度,可以察知其教养高低、文明程度和道德水准。良好的服务礼仪是酒店从业人员的必备职业素养。这是由酒店业的特点所决定的。从一定程度上说,服务礼仪水准的高低决定了酒店档次的高低。同时,学习礼仪、运用礼仪,有助于提高个人的修养,有助于"用高尚的精神塑造人",真正提高个人的文明程度。

2. 美化自身,美化服务过程

个人形象,是一个人仪容、表情、举止、服饰、谈吐、教养的集合,而酒店服务礼仪在上述诸方面都有详尽规范。当个人重视了美化自身,大家都能以礼待人时,宾客关系将会更和睦,生活将变得更加温馨,这时,美化自身便会发展为美化生活,客人在酒店消费将得到更多精神层面上的享受。这也是酒店服务礼仪所发挥的作用。

3. 促进社会交往,改善宾客关系

古人认为:"世事洞明皆学问,人情练达即文章。"这句话,讲的其实就是交际的重要性。服务人员在酒店为客人服务时,不能不讲究礼仪。运用服务礼仪,除了可以使个人在服务过程中充满自信、胸有成竹、处变不惊之外,还能够帮助从业人员规范服务流程,更好地向交往对象表达自己的尊重、敬佩、友好与善意,增进彼此之间的了解与信任。

4. 净化社会风气,推进文明建设

一般而言,人们的教养反映其素质,而素质又体现于细节。细节往往决定成败。反映个人教养的礼仪,是人类文明的标志之一。一个人、一个单位、一个国家的礼仪水准如何,往往反映着这个人、这个单位、这个国家的文明程度、整体素质和整体教养。酒店是服务的窗口,是对外反映中国人文明修养的前沿,提倡服务礼仪的学习、运用,与推进社会主义精神文明建设是殊途同归、相互配合、相互促进的。

三、角色定位与服务意识

（一）角色定位

"角色"一词原指演员扮演的剧中人物。角色在服务中指某个人物在某一位置上发挥某种作用、完成某一种任务的意思。人们在日常生活中，往往会从事一定的职业，如职员、教师、企业家等，这就是人们所扮演的职业角色。一个人在不同的环境、阶段中会呈现不同的角色，一般来说可以有生活角色、性格角色及社会角色。

人们在生活中的角色相应要求有适当的表现。例如，一个男人在父母面前时，应当是一名孝子；而在子女面前，他则要扮演一名称职的慈父。

另外，由于人们的性格不同，又有不同的性格角色，如暴躁型、活泼型、稳重型、敏感型等。对不同性格类型的人，以性格角色来直接区分，有时更为直观、形象。

社会角色是指与人们的某种社会地位、身份相一致的一整套权利、义务的规范与行为模式，它是人们对具有特定身份的人的行为期望。具体说来，它包括以下四方面含义：角色是社会地位的外在表现；角色是人们的一整套权利、义务的规范和行为模式；角色是人们对于处在特定地位上的人们行为的期待；角色是社会群体或社会组织的基础。职业角色是社会角色的一种具体形式，应该受其特定的职业规范的约束。

定位，一般是指将人或者事物放在一定的位置之上，并据此作出相应的评价。角色定位，实际上是社会舆论对处于某一特定社会位置之人的常规要求、限制和看法。角色定位理论认为，任何一个人要想在社会上取得成功，都必须首先为自己进行正确的角色定位。然后按照社会舆论对该角色的常规要求、限制和看法，对自己进行适当的形象设计。

服务人员在工作岗位上最需要的角色定位，主要是确定自己的职业角色，并和生活角色或性格角色相区分。

1. 服务角色

酒店员工所扮演的就是服务角色，他的作用和任务是从物质和心理上满足客人的需求。因此，酒店员工，特别是一线的服务人员走到工作岗位上就要有像演员走上舞台的意识，所有的客人就是你的"观众"。你的表现让客人看到，你的感情能激发客人的共鸣。在酒店业的"大舞台"上一旦投入工作，就应忘却其他一切与服务无关的思想、情绪和活动，绝不能把个人的、店外的情绪带到工作中来。

2. 角色转换与调整

在服务过程中，服务人员对于自己与服务对象的角色定位并非一成不变，随着双方相互接触的不断加深和服务工作的不断进行，应不断地有所变化、有所调整。但万变不离其宗，"服务人员"的基本定位，则是不变的。

酒店员工在生活中并不是只"扮演"一个角色。在家里或许是儿女角色，与同学一起是朋友角色等。根据其不同的社会和家庭环境，还有家长角色、丈夫（妻子）角色、领导角色等。但不管工作之外是什么角色，一上班就统一成了服务角色，这就是角色转换。要实现这种转换不是易事，特别是在中国，由于社会的环境与酒店业的涉外环境反差很大，容易导致员工角色模糊，把生活角色自觉或不自觉地带到了工作中来。如遇到客人辱骂，有的员工会受不了，厉声反驳："在家里，我爸爸妈妈也不敢这样骂我。"显然酒店不是家里，这就是没有搞清自己的角色位置。

另外，还有些年轻人爱到高星级酒店去当服务人员，以为越是高档酒店就越享受、越舒服。事实恰恰相反。作为服务人员来说，酒店越高档，纪律越严，工作越细，劳动强度越高，你受的委屈可能也就越多。因为酒店不是供你享受的，而是要你更竭尽全力为客人服务的。角色不清，就容易把自己的位置摆错，以致一受挫伤，就无法忍受。

在很多投诉中，冲突的起因往往是服务人员没有摆对角色位置。他们以社会上人与人之间的"平等"观念来处理客我交往。认为人与人要相互尊重，客人不礼貌，先不尊重我，我为什么要对他服务好，最终就从角色的错误导致了服务的误区。作为服务角色，就不能时时处处"平等"，例如酒店服务提倡"得理让人"，只要客人不违反酒店规定和法律法规，就不能也不必与客人"平起平坐"讲道理，针锋相对争个谁对谁错。培养"得理让人"的涵养和气度，引领客人，正是当前年轻服务员普遍缺乏而又急需提高的一项职业素养。

（二）服务意识

1. 服务的含义及服务人员的职责

服务是指服务人员为客人所做的工作，服务工作是酒店产品的重要组成部分。西方酒店业认为服务就是 SERVICE（本意亦是服务），而每个字母都有着丰富的含义：

S——smile（微笑）：对每一位客人提供发自内心的微笑服务。

E——excellent（出色）：将每一服务程序、每一微小服务工作都做得很出色。

R——ready（准备好）：随时准备好为客人服务。

V——viewing（看待）：将每一位客人看作需要提供优质服务的贵宾。

I——inviting（邀请）：在每一次接待服务结束时，都应该显示出诚意和敬意，主动邀请客人再次光临。

C——creating（创造）：想方设法精心创造出使客人能享受其热情服务的氛围。

E——eye（眼光）：始终以热情友好的眼光关注客人，了解客人心理，预测客人要求，及时提供有效的服务，使客人时刻感受到服务员在关心自己。

服务人员的基本职责是：迎接和招呼客人；提供各种相应的服务；回答客人的问询；为客人解决困难；以最佳的情绪和态度对待客人的各种不稳定情绪；及时处理客人投诉，并给客人以令人满意的答复。

2. 服务质量和服务意识

服务是酒店向客人出售的特殊商品。既是商品，就会同其他产品一样具有检验其品质优劣的标准，这个标准就称之为质量，即服务质量。服务质量，是指酒店为客人提供的服务适合和满足客人需要的程度，或者说，是指服务能够满足客人需求特性的总和。服务质量对酒店竞争具有决定性作用。对酒店来说，经营是前提，管理是关键，服务是支柱。服务质量不仅是管理的综合体现，而且直接影响着经营效果。服务质量的好坏取决于两个方面的因素：一是物的因素；二是人的因素。其中人的因素尤为重要。酒店全体员工必须树立高度的"顾客"意识，顾客是酒店的真正"老板"，"顾客至上"是必须遵循的宗旨。

"顾客至上"必须体现在员工的服务工作中，形成一种服务意识。这种意识就是酒店员工以顾客为核心开展工作，以满足顾客需求、让顾客满意为标准，时刻准备为顾客提供优质服务的一种意识。酒店员工要时时处处以顾客满意为标准，把握自己的言行，形成良好的服务意识。

3. 衡量酒店服务质量的标准

顾客是靠感受来评价酒店的服务质量的，因此服务质量的特性就具体表现为"五感"——给顾客以舒适感、方便感、亲切感、安全感和物有所值感。酒店无论从硬件设施，还是从软件服务，以及两者的结合上均应体现这"五感"，这是衡量酒店服务质量的标准，也是酒店服务质量应达到的目标。

4. 优质服务的具体表现

什么是优质服务？行家认为，规范服务＋超常服务＝优质服务。现从以下五个方面阐述什么是优质服务。

（1）良好的礼仪。酒店服务最大的特点就是直接性，由服务员面对面地为顾客服务。酒店产品的质量包括三个部分：一是设施设备的质量；二是食品、商品的质量；三是服务的质量。而服务质量可分为服务态度、服务知识和服务技能三个方面。在这三个方面中，尤以服务态度最为敏感，服务态度的标准就是热情、主动、耐心、周到、谦恭，其核心就是对客人的尊重与友好，也就是礼节、礼貌，并且礼节、礼貌程度高可在一定程度上减少客人对服务员知识和技能欠缺的不满。因此礼节、礼貌是酒店服务质量的核心内容，是酒店竞争制胜的决定性因素，而酒店要提高服务质量，就不能不讲究礼节、礼貌。

注重礼节、礼貌，是酒店服务工作最重要的职业基本功之一，体现了酒店对客人的基本态度,也反映了酒店从业人员的文化修养和素质。礼仪、礼貌就是酒店从业人员通过一定的语言、行为和程式向客人表示欢迎、尊重、热情和感谢。

礼节、礼貌表现在外表形象上,就是要衣冠整洁,讲究仪表仪容,注意服饰发型,给人以庄重、大方、美观、和谐的感受,显得清爽利落、精神焕发。切忌奇装异服或浓妆艳抹。

在语言上要讲究语言艺术,谈吐文雅,谦虚委婉,注意语气语调,应对自然得体。

在行动上要举止文明,彬彬有礼,服务的动作幅度不要太大,动作要轻,坐、立、行都要有正确的姿势,注意克服易引起客人反感的无意识小动作。

在态度上要不卑不亢,和蔼可亲,真诚自然,力戒矫揉造作。从内心发出的真诚微笑是赢得客人好感的"魔杖",在接待服务过程中,要始终笑脸相迎,要具备保持微笑的职业本能和习惯。

(2)优良的服务态度。服务态度是指服务人员在对服务工作认识和理解基础上对顾客的情感和行为倾向。

良好的服务态度,会使客人产生亲切感、热情感、朴实感、真诚感。具体来说,为客人服务要做到:

⊙**认真负责**。就是要急客人之所需,想客人之所求,认认真真地为客人办好每件事,无论事情大小,均要给客人一个圆满的结果或答复,即使客人提出的要求超出了自己的服务范围,也要主动与有关部门联系,切实解决客人的疑难问题,把解决客人之需当作工作中最重要的事,按客人要求认真办好。

⊙**积极主动**。就是要掌握服务工作的规律,自觉把服务工作做在客人提出要求之前,要有主动"自找麻烦"、力求客人完全满意的意识,做到处处主动、事事想深,助人为乐,时时处处为客人提供方便。

⊙**热情耐心**。就是要待客如亲人,初见如故,面带笑容,态度和蔼,语言亲切,热情诚恳。在客人面前,不管服务工作多繁忙、压力多大,都保持不急躁、不厌烦,镇静自如地对待客人。客人有意见,虚心听取;客人有情绪,尽量解释;决不与客人争吵,发生矛盾要严于律己,恭敬谦让。

⊙**细致周到**。就是要善于观察和分析客人的心理特点,懂得从客人的神情、举止发现客人的需要,正确把握服务的时机,服务于客人开口之前,效果超乎客人的期望之上,力求服务工作完善妥当,体贴入微,面面俱到。

⊙**文明礼貌**。就是要有较高的文化修养,语言健康,谈吐文雅,衣冠整洁,举止端庄,待人接物不卑不亢,尊重不同国家、不同民族的风俗习惯、宗教信仰和忌讳,时时处处注意表现出良好的精神风貌。

在服务工作中杜绝推托、应付、敷衍、搪塞、厌烦、冷漠、轻蔑、傲慢、无所谓的态度。

（3）丰富的服务知识。酒店服务知识涉及很多方面。服务部门共同的基础服务知识大致有如下几类：语言知识；社交知识；旅游知识；法律知识；心理学知识；服务技术知识；商业知识；民俗学知识；管理经营知识；生活常识等。

除此之外，员工还必须熟悉酒店的基本情况，具体内容如下：

⊙酒店的行政隶属、发展历史、主要大事记、星级及现在的经营特色。

⊙酒店附近的几个主要车站的站名，有哪些车经过，主要通往市内何处，经过哪些主要地方。酒店距火车站、飞机场、码头的距离及交通方法。

⊙酒店内各营业场所的分布及主要功能

⊙酒店内服务设施的状况，服务项目的特色，营业场所的位置、营业时间和联系电话。

⊙酒店总经理、副总经理和其他高层管理人员的姓名。

⊙酒店各部门的主要职能、工作范围、经理姓名、办公室位置、电话，有哪些主要下属部门及各下属部门的主要工作。

⊙酒店的企业理念、质量方针，并理解其含义。

⊙酒店的店旗、店徽。

⊙本岗位工作的有关规定、标准、要求。对所使用的工具、机械要做到"三知""三会"，即知原理、知性能、知用途，会使用、会简单维修、会日常保养。对工作中要使用的各类用品、原料，要熟悉其性能、规格、用途及使用的注意事项。

⊙了解酒店所在城市或地区的特色及文化风景名胜。

具备了丰富的知识，服务员才能在酒店这个万花筒式的世界里，应付自如，得心应手。如果不具备相应的服务知识，就不可能很好地回答顾客的各种问题，也无法提供优质的服务。

（4）娴熟的服务技能。娴熟的服务技能是决定服务质量水平的基础，它包括服务技术和服务技巧两方面。

娴熟的服务技术，要求各项服务操作和服务接待符合数量标准、质量标准和速度标准，操作规程科学。

服务技巧，是指在不同场合、不同时间、针对不同服务对象而灵活做好服务接待工作，达到良好效果的能力。这种能力在酒店工作中尤具重要意义，服务最大的特点就是面对人，而人是复杂的，规程只能提供指南，却不可能提供判断某种服务方式是对或是错的绝对标准。因此，灵活处理非常重要，不管采用哪种方式、手段，只要达到使客人满意的效果，就是成功的。

（5）快捷的服务效率。服务效率是指为客人提供服务的时限。服务效率在服务质量中占有重要的位置。讲究效率不等于瞎忙，要力求服务快而不乱，反应敏捷，迅速而准确无误。它不仅体现出服务人员的业务素质，也体现了酒店的管理效率。酒店每项服务都有具体的效率要求，在部门的岗位技能培训中，应参照各项服务标准，刻苦训练。

（6）良好的顾客关系。建立良好的顾客关系应注意几个要素：

⊙ **姓名**。记住客人的姓名并以客人的姓氏去适当地称呼客人，可以创造一种融洽的顾客关系，对客人来说，当员工能认出他时，他会感到自豪。

⊙ **词语选择**。以恰当的词语与客人搭话、交谈、服务、道别，可以使客人感到与服务员的关系，不仅仅是一种简单的商品买卖的关系，而是一种有人情味的服务与被服务的关系。

⊙ **语调、声音**。语气、语调、声音是讲话内容的"弦外之音"，往往比说话的内容更重要。客人可以从这些判断出你言语背后的东西，是欢迎还是厌烦，是尊重还是无礼。

⊙ **面部表情**。面部表情是服务员内心情感的流露，即使不用语言说出来，表情仍然会告诉客人，你的服务态度是怎样的。

⊙ **目光接触**。眼睛是心灵的窗户，当你的目光与客人不期而遇时，不要回避，也不要死盯着客人，要通过适当的接触向客人表明你服务的诚意。当客人同你讲话时，应暂停手中工作，眼睛看着客人，立即予以回应。

⊙ **站立姿势**。酒店要求一律站立服务，站立的姿势可以反映出对客人是苛刻、厌烦、淡漠，还是关心、专注、欢迎等各种不同态度。应时刻保持良好的站立姿势，如因工作需要而坐着，见到客人应立即起立，忌背对着客人，忌双手插在衣袋或裤袋内，忌倚靠门、墙或桌椅等。

⊙ **聆听**。听与讲是我们对客服务中与客人沟通的一个方面，注意聆听可以显示出对客人的尊重，同时有助于我们多了解客人，更好地服务，注意不要随便打断客人讲话。

⊙ **友谊**。酒店是客人的"家外之家"，员工是酒店的主人，如果主人的表情冷冰冰，客人做客还有什么意思呢？当然，良好的顾客关系，不是过分的亲热，更不是私情和亲昵。这中间的尺度拿捏尤其重要。

⊙ **言行一致**。对客服务要言行一致，重视对客人的承诺，不但要说得好，而且要做得好，行动胜过千言万语。

⊙ **尊重**。对待客人一视同仁，不以衣饰、肤色、国籍、相貌等取人，平等对待。

能力训练

项目一：对酒店服务礼仪的认识

1. 重点练习：对酒店的认识，对服务礼仪的认识；如何理解酒店服务礼仪中的"适度原则"？

2. 场景设计：

（1）5～6人一组，讨论对酒店的认识、对服务的认识、对"适度原则"的认识，如果有亲身经历更好（不论是做服务员还是做客人）。

（2）每组选择一位代表进行发言。

（3）教师小结，关注积极参与的学生。

项目二：判断并分析礼仪的范畴

判断下列现象哪些属于礼仪的范畴，为什么？小组讨论并分析交流。

1.熟练记忆前厅接待的流程，以便高效率地为客人服务。

2.向客人展示欢迎的微笑。

3.已经晚上十点了，餐厅客人吃完但还在聊天，服务人员耐心等待并随时服务，满足客人的要求。

4.餐厅送餐服务员看到客房走廊上有废纸并捡起。

5.酒店大堂进来一位衣冠不整的大爷，行李生上前问好，并为大爷的需求服务。

6.对于客人的不合理要求，服务员礼貌地拒绝，并说明理由。

7.寝室里已到了熄灯的时间，但还是有同学在大声打电话。

8.在上课的路上，几位同学一字排开，边聊边走。

9.下课了，同学们忙着换下节课的教室或回寝室，一窝蜂地急急下楼，对要上楼去上课的教师视而不见。

10.有教师走进寝室，在里面的同学自顾自地在看手机。

项目三：测试个人礼仪状况

1.重点练习：自我真实的评价。

2.场景设计：个人进行自我填表评价，不要受其他同学的影响，真实填写各项内容，待学期中或结束时再进行评价，看有无变化。

在测试中有50个形容词，请从头到尾读两遍，第一遍读时，如果碰到的形容词切合自己的个性或形象，就在"我正是"那栏的小括号内画一个"×"。

第二遍读时，是在"我想要成为"那栏画"√"。不要管你前述那栏画了多少个"×"，一路读下去，碰到自己将来想具备的形象特质形容词，就画个"√"。

当然，有些形容词在两栏中都会被画上符号，那表示你目前和将来都具有那些特质；有些形容词则可能只有一个符号，也可能一个也没有。下面的例子可以帮助你了解如何进行测试：

我正是	我想要成为	
（ × ）	（ ）	有所保留
（ ）	（ √ ）	有成就
（ × ）	（ √ ）	有道德
（ ）	（ ）	无趣

如上作答的人表示：他有所保留，但不是真想如此；他尚无成就，但希望能够事有所成；他是个有道德的人，将来也想持续如此；他并不是无趣的人，将来也不希望如此。

作答时一定要将"我正是"和"我想要成为"分开来做，作答完毕，再按记分方式计算出得分。

我正是	我想要成为	
（　　）	（　　）	野心勃勃的
（　　）	（　　）	好辩的
（　　）	（　　）	独断的
（　　）	（　　）	吸引人的
（　　）	（　　）	好战的
（　　）	（　　）	粗鲁的
（　　）	（　　）	谨慎的
（　　）	（　　）	合作的
（　　）	（　　）	迷人的
（　　）	（　　）	聪明的
（　　）	（　　）	肯竞争的
（　　）	（　　）	肯合作的
（　　）	（　　）	有创造力的
（　　）	（　　）	好奇的
（　　）	（　　）	愤世嫉俗的
（　　）	（　　）	大胆的
（　　）	（　　）	果断的
（　　）	（　　）	坚毅的
（　　）	（　　）	迂回的
（　　）	（　　）	小心的
（　　）	（　　）	卖力的
（　　）	（　　）	有效率的
（　　）	（　　）	精力充沛的
（　　）	（　　）	有趣的
（　　）	（　　）	好妒的
（　　）	（　　）	宽大的
（　　）	（　　）	受挫的
（　　）	（　　）	慷慨的
（　　）	（　　）	诚实的

我正是	我想要成为	
（　　）	（　　）	引人注目的
（　　）	（　　）	行动的
（　　）	（　　）	独立的
（　　）	（　　）	懒惰的
（　　）	（　　）	乐观的
（　　）	（　　）	能言善道的
（　　）	（　　）	有耐性的
（　　）	（　　）	实际的
（　　）	（　　）	有原则的
（　　）	（　　）	轻松的
（　　）	（　　）	机智的
（　　）	（　　）	自我中心的
（　　）	（　　）	有自信的
（　　）	（　　）	敏感的
（　　）	（　　）	聪明能干的
（　　）	（　　）	顽固的
（　　）	（　　）	胆小的
（　　）	（　　）	强硬的
（　　）	（　　）	可信的
（　　）	（　　）	温和的
（　　）	（　　）	顺从的

3.计算得分：在你的答案里，如果一个形容词只有一个符号（一个"√"或一个"×"）就可以得到 1 分；如果有两个符号（一个"√"或一个"×"）则不记分；两个符号都未出现也不记分，把可以得分的形容词数目加起来，就是你的总分。

4.测试分析：

(1)得分在 2～5：得分很低。

得分很低者：对自己有很高的正面评价，他们的表现和态度很像他们希望的那样。在酒店服务过程中，他们的正面自我形象可以转化为信心，从而影响到其他人。如果你得分落在此组，你的高度正面自我形象会让你愿意承担风险、发掘机会。因为你有信心，并对自己的能力感到满意。其他人则可能受你鼓舞，以你为榜样向前冲。得分落在此组的人，成功的机会和个人成就感都很高。

(2)得分在 6～11 分：得分低。

得分低者：对自我形象相当满意，比起得分更高的人，这些人较年轻、经验稍逊。

如果你得分落在此组,表示你比一般人更满意,即使"真正的自己"和"理想中的自己"仍有一些矛盾。你可以试着挑一两个你所希望具备的人格特质形容词,努力去做,你会发觉颇有趣和有收获。得分落在此组者,算是具有健康的人格。

(3)得分在 12~21 分:得分中等。

得分中等者:得分中等的人不必太看轻自己,仍有机会力争上游。如果你得分落于此组,最应该做的就是尽可能减少"真正的自己"和"理想中的自己"之间的矛盾,这需要决心和努力,但也只有如此才能增加信心和做事的自由,进而迈向成功。

(4)得分在 22~33 分:得分高。

得分高者:经常看轻自己,看到人就摇头。得分落在此组的人通常年纪较大,突然警觉自己并未达到希望的目标时也会如此。如果你得分落于此组,你对自己给人的形象并不满意,对追求成功也没有信心。如果想达到目标,你必须投入时间与精力。

(5)得分在 34 分以上:得分很高。

得分很高者:毫无异议,你会对自己感到失望,只要有什么事你做不好或你不具备的正面特质,都会让你不满意自己。你常会有受挫和失望的情绪,要改变你的人格并不容易,因为你会感觉"太遥远了"。不过,最好谨记一点,人格成长和成功都是一辈子的事情,不是一夜之间的成就,如果你不知从何开始,不妨找专家帮忙。

项目四:学习角色定位及心态调整

1.重点练习:培养服务意识,学会角色定位及职业心态调整(可以引用心理游戏训练)。

2.场景设计:一位成功的企业家,来到一家五星级酒店,需要在此下榻两日,要求苛刻。2~5 人一组,以小组为单位分别扮演客人和服务人员,进行对客服务。

3.小组讨论:

(1)作为客人,你希望酒店工作人员给你提供怎样的服务?对酒店服务你满意吗?

(2)作为酒店工作人员,你将为这位客人提供怎样的服务?你能心态平和地为客人提供服务吗?

(3)我本来就是个没有耐心的人,而且也不喜欢酒店服务这个行业,如何调整心态?

4.结果:

(1)每组选择一位代表进行发言。

(2)教师小结,关注积极参与的学生。

知识拓展

礼仪的产生与发展

中国有着悠久的历史、灿烂的文化，自古就是一个讲究礼仪的国度；礼仪在我国社会的政治、文化生活中占有很重要的地位，并渗透在社会生活的方方面面。为了从理性的高度领悟礼仪的真谛，有必要进一步深入了解礼仪的产生和发展。

一、礼仪的产生

关于礼仪的起源，说法不一，归纳起来，在我国大体有**五种起源说**：一是天神生礼仪；二是礼仪为天地人的统一体；三是礼产生于人的自然本性；四是礼为人性和环境矛盾的产物；五是礼生于理，起源于俗。人们普遍认为礼源于俗。

根据现代人类学、考古学的研究成果，礼仪产生于人类最原始的两种信仰：一是天地信仰；二是祖先信仰。天地信仰和祖先信仰的产生是源于人类初期对自然界的变幻莫测的敬畏和无助。他们对日月星辰、电闪雷鸣、地震洪水等自然现象充满了神秘感，充满了敬畏和恐惧，由此产生了各种崇拜祭祖活动，拜天地、祭神明，祈求神明和祖先保佑风调雨顺，祈祷降福免灾。这种表达敬畏的祭祖活动日益频繁，逐步形成了各种固定的模式，并逐渐演变成为相应的礼仪规范。

西方"礼仪"之源与此有所不同，世界语中的 etiketo，可以翻译为礼仪、仪式、礼节、礼貌，此外还有纸贴、标签之意。这表明"礼仪"一词还蕴含着某种"标志"之意。实际上，西文中"礼仪"一词最早见于法语 etiquette，原意是一种长方形的纸板，上面书写着进入法庭所应遵守的规矩、秩序。因而，这纸板就被视为"法庭上的通行证"。etiquette 进入英文以后，就有了礼仪的含义，有规矩、礼节、礼仪之意，成为"人际交往的通行证"。

二、礼仪的发展

礼仪作为人类社会生活的行为规范，是与人类社会同时产生并同步发展的。从人类社会的礼仪现象分析，大多数礼仪形式的产生都是约定俗成的，都有一个从无到有的过程，而这个过程往往是在下意识的行为中产生的。如握手礼，传说是远古人类为防身和狩猎随身带着木棒、石块，路上遇到行人，为了表明自己没有恶意，就放下手中的武器，伸开双手让对方看甚至让对方摸一下手中有无武器。这种方式经过演变，逐渐形成了握手礼。由此可见，礼仪规范，是人们在长期社会生活经共同认定而形成，并被大家一致遵守和应用的。

中国礼仪的发展脉络经历了从古代礼仪向现代礼仪转变的过程。

1. 古代礼仪发展的四个时期

(1)古代礼仪的孕育时期——尧舜时期。尧舜时期,已经有了成文的礼仪制度,即"五礼":祭祖之事为吉礼,冠婚之事为嘉礼,宾客之事为宾礼,军事之事为军礼,丧葬之事为凶礼。

(2)古代礼仪的形成时期——尧舜时期制定的礼仪经过夏、商、周三个朝代千余年的总结、推广而日趋完善。为了维护自己的统治地位,奴隶主开始将原始的宗教礼仪发展为符合奴隶社会政治需要的"礼制",并将礼仪制度化,形成了典章制度和刑典法律。《周礼》《仪礼》《礼记》三部礼仪专著的出现标志着礼仪的发展已相对系统化。

(3)古代礼仪的变革时期——春秋战国时期。诸子百家争鸣,礼仪也产生了分化,礼仪制度成为国礼,民众交往的礼俗逐渐成为家礼。以孔子、孟子为首的儒家学者系统地阐述了礼的起源、本质和功能,第一次在理论上全面而深刻地论述了社会等级秩序的划分及其意义。

(4)古代礼仪的强化时期——秦汉至清末。自秦汉以后的历代统治者都推崇儒家的"礼治"。统治者根据自己的统治需要,在沿袭周礼的基础上,不断对礼制加以修改、补充、完善。礼制的核心思想已从奴隶社会的尊君观念发展为"君权神授"的理论体系,就是封建的"三纲五常"("三纲"即君为臣纲、父为子纲、夫为妻纲;"五常"即仁、义、礼、智、信)、"三从四德",形成了完整的封建礼仪道德规范。封建礼仪中的"君权神授"神化了帝王的权力,"三纲五常""三从四德"压抑了人们的个性发展,限制了人们之间的平等交往。

近代中国在进入半殖民地半封建社会的同时,也受到了西方的政治、经济、文化以及道德礼仪的影响。西方文明和文化对中国传统秩序包括伦理秩序形成了巨大的冲击。由于西方文化体现了"自由、民主、平等、博爱"等思想,所以深受中国进步阶层的欢迎,并逐步推广到各个阶层和社会生活的各个方面。西式礼仪规范在中国的推广和实施,简化了中国传统礼仪的繁文缛节,客观上促进了世界各国礼仪文化之间的交流和沟通。

2. 中国现代礼仪与古代礼仪的差异

中国的现代礼仪,是吸收了中国古代礼仪的精华,融入了时代精神,兼收并蓄了不同的文化而形成的,是现代社会人与人之间共同遵守的行为准则和规范。中国现代礼仪与古代礼仪无论是在内容还是在特征上都有很大的不同。

中国古代礼仪的发展,基本上与中国文明的进程同步,它规定秩序、制定仪式,曾是中国礼治的基础,并被视为社会法制的必要补充,对于促进中国社会文明的发展起到了重要的作用。

中国现代礼仪是在继承和弘扬中华民族传统礼仪的基础上,逐步形成了符合国际惯例、具有时代特点的礼仪规范。与古代礼仪的繁文缛节相比,现代礼仪的礼节仪式更趋于简单,更多地体现了相互尊重的精神。

思考与练习

1. 找出你身边习以为常却又是违背礼仪的事,说明产生这种现象的原因。

2. 收集相关资料撰写一篇关于你对礼仪及礼仪意义认识的小论文,题目自拟。要求结合自己生活学习的实际,有独到的见解。

3. 关于酒店服务人员的素质要求,请列举你认为重要的 10 项内容,并说明理由。

4. 目前高星级酒店中服务礼仪规范标准要求很高,学好酒店服务礼仪也可在其他领域的服务行业进行应用,请谈谈你的理解。

模块一
礼仪习题

模块二课前准备

1. 准备基础日妆基本用品:

(1)适合个体皮肤的洁面乳;

(2)修眉工具;

(3)化妆水;

(4)隔离霜＋粉底(或 BB 霜)、蜜粉(或粉饼);

(5)眼影、眼线笔、睫毛膏;

(6)腮红;

(7)唇彩(膏);

(8)发带、发卡、化妆镜、小毛巾等。

注:视自己的经济情况而定,(2)、(3)、(6)可省。

2. 预习模块二的内容;上网搜索基础日妆画法及自我化妆视频并记下网址;上网搜索除模块二展示之外的领带的其他系法并记下网址。

模块二　酒店服务人员的仪容仪表

学习目标

知识目标——认识仪容仪表的重要性；酒店服务人员仪容仪表包含的内容和
　　　　　　要求。

能力目标——根据酒店服务人员仪容仪表的规范要求，成功塑造符合岗位要
　　　　　　求的个人形象。

课前测试：

1.酒店中男士发型要求前发＿＿＿＿＿＿＿＿，侧发＿＿＿＿＿＿＿＿，后发＿＿＿＿＿＿＿

2.女生简单日妆的基本步骤是＿＿＿＿＿＿＿＿＿＿＿＿＿＿＿＿＿＿＿＿＿＿＿＿＿＿

＿＿＿

3.网上系领带及化妆的视频网址有＿＿＿＿＿＿＿＿＿＿＿＿＿＿＿＿＿＿＿＿＿

4.手被称为人的"＿＿＿＿＿＿＿＿"为什么？

5.你认为勤洗头发的标准是几天洗一次？

6.仔细观察过自己的容貌吗？你认为自己最适合的发型是什么？与你喜欢的发型是否一致？如果你最喜欢的发型与职业要求相矛盾怎么办？

7.观察过挂牌五星级酒店的男女服务员的仪容吗？有什么感悟？

8.有系领带的经历吗？曾给父亲或是其他人系过领带吗？你认为在什么场合下需要系领带？对经常系领带的人有什么评价？

9.我们晚上在超市中经常会看到有人穿着家居服或是睡衣在买东西，这违反了着装中的什么原则？

10.制服是工作中的时装，在进入酒店工作时需要穿着制服为客人服务，如何穿着才能把自己表现得更美？如果你非常不喜欢自己岗位上的工作装，如何调整心态？

11.服装除款型外，配色十分重要，你有什么配色心得？

应聘面试

　　小李是某知名大学旅游专业的一名应届毕业生。毕业前夕，通过朋友的介绍，她准备去一家国际知名的五星级酒店应聘大堂副理一职。为了显示自己对面试的重视，给对方留下良好的第一印象，在面试一星期前，小李就花大价钱买了一件有猫头图案的吊带背心和一条低腰牛仔裤，准备在面试当天穿。为了显示自己的青春时尚，小李在面试当天还特意化了一个流行的烟熏妆，最后穿上自己最喜欢的一双凉拖鞋就精神抖擞地出发了。然而事与愿违，小李自我感觉良好的这身时尚打扮，却偏偏坏了她的大事。面试考官就此认为小李个人形象不合常规，给人感觉过于前卫、随便，录取一事当然是泡汤了。

　　思考：为什么酒店从业人员不适合较前卫的形象？＿＿＿＿＿＿＿＿＿＿＿＿＿

　　你认为适合酒店从业人员的服装是＿＿＿＿＿＿＿＿＿；妆容是＿＿＿＿＿＿＿＿＿

　　案例分析：在人际交往中，人们普遍对交往对象的个人形象倍加关注，特别是像面试这样的特殊场合。每个人都应根据自己的年龄、职业、交往场合等要素塑造个人形象。

一、概　述

　　当今各行各业都面临着日趋激烈的竞争。企业要树立良好的形象，因素很多。其中高素质的员工、高质量的服务是必不可少的，而每一位员工的良好形象无疑会对高素质、高质量起着十分重要的保障作用。现代社会形象的包装已不再是明星的"专利"，特别是酒店行业。作为一个服务性行业，酒店服务人员的一举一动、一言一行都在众人的关注之下，一种表情、一个手势，都将直接影响他的公众形象。如果每一个酒店服务人员都能够做到待人接物着装得体、彬彬有礼，这样就会在客人心中留下愉快美好的感觉和印象，酒店就会赢得社会的信赖、理解、支持。反之，如果衣冠不整、举止失度，待人接物冷若冰霜或傲慢无礼，就会有损酒店形象，就会失去顾客、失去市场，在竞争中处于不利的地位。人们往往从某一个员工、一件小事上，衡量一个企业的可信度、服务质量和管理水平。得体地塑造和维护个人形象，会给初次见面的人以良好的第一印象。个人形象，它直接涉及和影响到每一位服务人员所代表的酒店的整体形象和利益。形象是沟通工具，每一位酒店服务人员应该为自己的形象加分、为酒店加分，让自己的形象成为酒店形象的"门面"和"窗口"。良好的形象就是一种投资，长期持续下去定会为酒店、为自己带来丰厚的回报。只有当每一位酒店服务人员真正意识到了形象塑造的重要性，并能在日常工作中时刻保持自己良好的形象，才能体会到形象会给酒店、给自己带来的机会有多大！

二、仪　容

仪容，主要是指人的容貌。在人际交往中，每个人的仪容都会引起交往对象的特别关注，并将影响到对方对自己的整体评价。在个人形象中，仪容是重点中的重点。它反映着一个人的精神面貌、朝气和活力，是传达给接触对象感官的最直接、最生动的第一信息。它既可以使人看上去精神焕发，也可以使人看上去无精打采。酒店服务人员如果具备良好的仪容，会令客人赏心悦目，在脑海中留下深刻的印象。

真正意义上的仪容美，应当是容貌自然美、修饰美、内在美的高度统一。在这三者之间，仪容的内在美是最高的境界，仪容的自然美是人们的心愿，而仪容的修饰美则是仪容礼仪关注的重点。

作为酒店服务人员，要依照规范与个人条件，对仪容进行必要的修饰，扬其长，避其短，设计、塑造出最适合自己并符合工作岗位要求的个人形象。

(一)酒店服务人员仪容的基本要求

1. 头发

头发对人的脸型有修饰作用，拥有健康亮丽的头发可使人充满朝气和自信。酒店服务人员应选择与自己脸型、体形、年龄、服饰等相协调的发型。

礼仪要求：

⊙坚持勤洗头发，定期修剪，经常梳理，保持头发干净、整齐、干练。

⊙无头屑，无异味，发型美观，长短适宜，符合岗位要求。

⊙一般除黑色头发外不得染成其他颜色。

⊙男士前发不遮额、侧发不掩耳、后发不及领，不可选择过于前卫的发型。

⊙女士发前刘海不得阻挡视线，如留长发，当班时要用黑色发夹束起或盘起，避免使用色泽鲜艳的发饰。

2. 面容

脸是一个人的门面，是一个人内心世界的反映，通过脸就可以知道一个人的心情。酒店作为服务性行业，服务人员的脸就代表了酒店的脸，服务人员对自己脸的注重程度就代表了对客人的欢迎、尊重程度。

礼仪要求：

⊙ 面部清洁，坚持早晚洗脸，及时清除面、颈、耳后的不洁之物。

⊙ 男士不能留胡须，注意鼻毛的修剪。青春痘严重时需及时就医。

⊙ 适度化妆，女士一般以淡妆为主，避免使用香味过重的化妆品。男士要求使用适合的护肤用品，让面部看起来润泽干净。

⊙ 不论男士还是女士，都不能戴有色眼镜。上班时不得面带倦容。

⊙ 口腔卫生。坚持餐后刷牙或漱口，上班时不可以嚼口香糖。可定期洗牙消除黄牙现象。

⊙ 上班前，应避免食用葱、蒜、韭菜、臭豆腐等有刺激性气味的食物。

⊙ 不吸烟，不喝酒。

3. 手

手被称为人的"第二面孔"。酒店服务人员因工作需要，对客服务过程中手是使用最多也最能引起客人关注的部位，因此手部比脸部更需要清洁和保养。

礼仪要求：

⊙ 上岗之前、服务之前、上洗手间后、下班前都要洗手，并涂抹护手霜，以保持手部柔润。

⊙ 勤剪指甲，指甲长度以不超过指尖为宜，指甲内不得有污垢，不可以涂有色指甲油。

⊙ 冬季要注意手部保暖，避免长冻疮。

4. 皮肤

健美的皮肤能给机体增加美感，尤其是面部健康的肤色，更能给人留下美好的印象。酒店服务人员必须在日常生活中保养好自己的皮肤，同时遵循良好的生活方式，科学护肤。

礼仪要求：

⊙ 正确的生活态度，积极的锻炼，充足的睡眠，勤洗澡，控制烟酒等，有助于皮肤的健美。

⊙ 适度保养，使皮肤红润有光泽、柔软细腻、结实而富有弹性，既不粗糙，也不油腻，有光泽感而少皱纹。

（二）酒店服务人员的化妆原则与基本步骤

1. 美化原则

化妆的目的是要突出自己最美的部分，使其显得更加美丽动人，并巧妙地弥补不足之处。酒店服务人员平时要注意经常修整、打扮自己的容貌，或是采取措施改善其明显不足之处。也就是说，要对自己容貌的优缺点做到心中有数，并通过化妆有意识地扬长避短。不过也要清醒地认识到，因为工作性质，酒店服务人员化妆时的扬长避短,重在避短。

2. 自然原则

化妆最重要的是保持自然,那种似有似无、给人赏心悦目感觉的妆容是最佳的。酒店服务人员的面部修饰既要讲究美观,更要合乎常情。服务人员要按其工作性质进行面部修饰。例如,粉底不宜太厚,彩妆的色彩也要依肤色而定,一味地浓妆只会带来相反的效果。如果下班后要参加重要活动,再补一层妆也不迟。总之,酒店服务人员化妆的要点是自然大方、素净雅致,要做到化妆不露痕迹,恰到好处。

3. 协调原则

化妆协调的原则包括三个方面的协调。

(1)妆面协调。现代化妆艺术就是要通过突出第一印象——五官中最诱人的部分,使分散的五官协调起来,被突出部分与其他部分必须是有联系的,不能给人以突然截断的感觉,用绘画的术语来说,就是要有中间色调。化妆各部位之间色彩的搭配要协调,浓淡要协调,整体设计应协调。

(2)身份协调。酒店服务人员化妆时要考虑到自己的职业特点和岗位特点,采用不同的化妆方式和化妆品。一些社会上流行的化妆方式,诸如金粉妆、日晒妆、印花妆、宴会妆等,都不宜在上班时采用。服务人员的岗位化妆应是一种简妆,朴实无华。

(3)全身协调。化妆时服务人员还必须注意与肤色、年龄、发型、服装、饰物等的协调,力求取得完美的整体效果。

4. 简单日妆的基本步骤

(1)化妆前准备

修眉及眉形设计(图 2-1):

⊙眉毛在内眼角与鼻侧翼的垂直线上。

⊙眉峰在黑眼珠外侧垂直线上。

⊙眉梢在鼻侧与外眼角的延长线上。

(2)化妆步骤

⊙洁面:用有效的清洁用品及正确的手法彻底清洁面部皮肤。这是化个好妆的基础。

⊙护肤:涂抹能改善并保护皮肤的护肤品,包括紧肤水或爽肤水、面霜、眼霜等。

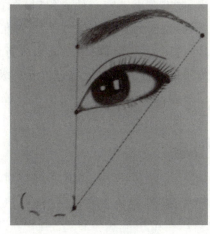

图 2-1　眉形设计

不同脸型
搭配的眉形

- 打粉底：使用适合自己皮肤颜色的粉底，用正确的手法将面部肤色进行修饰。
- 画眉：描画之后再用眉夹和眉剪修整眉毛。
- 画眼：画眼的顺序是眼影→眼线→睫毛。
- 涂腮红：涂腮红的同时应注意修饰脸的其他部位，如额和下颌。
- 涂口红：先用唇线笔描画，再用唇刷或口红棒涂抹。

（3）化妆禁忌

- 离奇出众——荒诞、怪异、神秘，脱离自己的角色定位。
- 技法出错——眼线、口红过于浓厚。
- 残妆示人——脸与脖子脱节，出汗、用餐、休息后等出现残缺妆。
- 当众补妆——在众人面前描眉弄眼等。`

（4）化妆的最好效果

妆成却似无。

三、仪　表

（一）着装的原则

1. 服饰的 TPO 原则

简单地说，服饰打扮的基本原则是 **TPO 原则**。T 即时间（time），P 即地点（place），O 即场合（occasion）。TPO 原则即指在选择服饰时，要注意配合时间、地点、场合三个重要因素，要求在决定穿一件衣服时，要首先考虑所去的是个什么场合，在什么时间去这种场合，是因为什么事情或是要和谁见面。酒店服务人员的服饰选配影响着公众的心理，进而关系到消费者对酒店服务质量的评价，因此，TPO 原则的掌握和灵活运用尤为重要。人们不能想象一位五星级酒店的服务员小姐穿着 T 恤加牛仔裤立于大门旁迎接客人的情景，也不能想象一位服务员先生身着考究的礼服在包厢为客人斟酒上菜。

2. 整洁原则

整洁原则是指整齐干净的原则，这是服饰打扮最基本的原则。一个穿着整洁的人总能给人积极向上的感觉，总是受欢迎的，而一个穿着褴褛肮脏的人给人的感觉总是消极颓废的。在工作和社交场合，人们往往通过衣着是否整洁大方来判断他人对工作和交往的重视程度、是否有涵养等。整洁原则并不意味着穿着高档，只要保持干净合体、全身整齐有致即可。酒店服务人员要以工作服为自己上班时的着装，并时刻保持整洁美观。

3. 协调原则

所谓仪表的协调，是指一个人的仪表要与他的年龄、体形、职业和所在的场合等吻合，表现出一种和谐。这种和谐能给人以美感。酒店服务人员的工作服体现了酒店文化与礼仪形象，在设计时已体现了协调原则，因而不允许在工作服上再"锦上添花"，随意加减装饰品。

(二)酒店服务人员的服饰礼仪

酒店服务人员的服饰不仅反映服务人员个人的社会生活、文化水平等各方面的修养，它同时也有利于提升酒店形象和档次。因此酒店经常要求员工在工作中必须穿着酒店精心设计的员工制服，并按规定进行修饰。

1. 制服

制服是指一群同一团体的人所穿着的服装，用以辨识从事各个职业或不同团体的成员，如军人、医师、护士和警察等经常穿着制服。酒店为适应行业的特殊需要，众多工作岗位上的服务人员都有各自岗位的制服。酒店制服不仅仅是工作服，尤其在企业文化、CI理念广泛进入社会生活的今天，代表的是酒店的风貌和品位，它直接向人们展示着酒店素质的高低，所以每个酒店都要求自己的制服与其他酒店不同，带有明显的个性化特征。酒店制服的设计应充分考虑职业特征、团队文化、年龄结构、工作职能、工作环境等因素，从服装的色彩、面料、款式、造型、搭配等多方面考虑，提供最佳设计方案，为酒店打造有品位的形象。现在越来越多的消费者习惯于用制服的质地、款式、平整洁净来判断一家酒店的服务水准，所以酒店员工首先要选择适合自己尺寸的制服，即选择时要注意四个长度适中：衣袖至手腕，衣长至虎口，裤长至脚面，裙长至膝盖；同时要注意"四围"大小松紧适度：领围以插入一指大小为宜，上衣的胸围、腰围和裤裙的臀围以穿一套内衣裤的松紧为宜。在每天上岗前要细心检查制服上是否有菜汁、油渍、污垢，扣子是否齐全，衣裤是否有破边等，确保制服的干净、平整，无明显污迹破损。同时穿着时应注意不敞开外衣，内衣不能外露，不挽袖卷裤，不漏扣、掉扣等。另外在制服穿着上还应特别指出的一点是：酒店员工不得根据自己的喜好或为追求时髦，擅自改变制服的穿着形式，或私自增减饰物，制服穿着必须按照酒店规定执行。

酒店员工工作服

2. 鞋袜

工鞋、袜子是工作服饰的一部分，必须按规范要求穿着；皮鞋、布鞋都应经常刷洗，保持洁净，破损的鞋应及时修理或弃之不穿；男员工的袜子的颜色一般选黑色，不可穿浅色或花色袜子；女员工应穿着与肤色相近的丝袜，切忌为赶时髦而穿彩色、网状类丝袜，要求袜口不可露在裙子外面，丝袜有跳丝破损的要更换。

3. 工号牌

酒店员工的工号牌是酒店各部门的标志。它体现了对客人的尊重，使其易辨认、区分各个部门，以便客人获得应有的服务。酒店员工佩戴工号牌上岗是对自身职业的肯定，能增强工作责任感和义务感。工号牌应端正地佩戴在左胸上方，每日上岗前，自觉佩戴好。工号牌有损坏时，要及时更换；岗位有变化时，也要及时更换新的工号牌。

4. 领带

领带是西装的"灵魂"，也是某些工作服的必需品，在着装中起着画龙点睛的作用。

现介绍两种常见的领带打法：

（1）平结。平结是最多人选用的领结打法之一，几乎适用于各种材质的领带。要诀：领结下方所形成的凹洞需让两边均匀且对称（图2-2）。

平结

图 2-2　平结（plain knot）

（2）温莎结。温莎结适合于宽领型的衬衫，该领结应多往横向发展。应避免材质过厚的领带，领结也勿打得过大（图2-3）。

温莎结

图 2-3　温莎结（Windsor knot）

能力训练

项目一：化淡妆训练

1. 重点练习：底妆、眉、眼影、眼线的画法，上睫毛膏。

2. 场景设计：

（1）教师进行正确化妆程序讲解和示范。

（2）在礼仪实训室让学生自带简单的化妆品，在教师的指导下进行自己化淡妆的练习。要求能掌握面部化妆的一般程序，能进行简单的修眉、打粉底、画眉、画眼线、涂眼影、上睫毛膏、涂口红（图2-4）。

（3）上礼仪课前女生每次应练习化淡妆，男生应整理仪表。

简易化妆步骤
及示例

图2-4　化淡妆

项目二：系领带训练

1.重点练习：平结和温莎结的系法。

2.场景设计：

（1）两人一组，按照平结和温莎结领带的系法互相给对方系，直到熟练为止（图2-5）。

图2-5　系领带

（2）再练习自己给自己系领带。

（3）互相点评，指出优点与不足。

（4）互换内容再进行训练，让每位学生都能得到训练。

（5）请表现优秀的小组为大家做示范表演。

（6）教师小结，课后每位学生写出实训报告及总结。

（7）课堂考核：3分钟系一个温莎结领带。男生自己系，女生给别人系。

项目三：穿工装、服饰搭配训练(有条件可作选择练习)

1. 进行酒店各个岗位服饰的展示与了解。

2. 进行酒店各个岗位服饰穿着演示。

3. 根据岗位服饰要求，进行发型、妆容的不同搭配。

 知识拓展

化妆美容知识

一、皮肤的类型

人的皮肤可分为五种类型：干性皮肤、油性皮肤、中性皮肤、混合性皮肤和敏感性皮肤。要根据皮肤的性质选择合适的洗面奶、护肤品和化妆品。

二、五分钟快速化妆方法

第一步：肤色很重要——选择与肤色相近的粉底，用手指轻拍在面部，注意发际线处及脖子部位也要涂抹均匀，然后定妆。

第二步：睫毛——用睫毛夹在睫毛根部开始夹翘，然后涂上睫毛膏。记住同样要刷在睫毛根部，从下向上反复刷。它能起到眼线的作用，调整眼型，还可以让眼睛看起来又亮又大。

第三步：唇——唇在整个妆面当中起到调整肤色和面部比例的作用，生活当中可以准备像唇彩、唇蜜、唇油等带有珠光和提亮的化妆品，有眼前一亮的感觉。

这样，一个既干净漂亮又能体现气质的裸妆就完成了！如果还有时间的话，可以在腮红和眼影上再处理一下，就更完美了。

系领带的要领

领带的色彩要与西装及衬衣的颜色相搭配，一般以单色为好，图案以简洁的几何图形为宜，质地最好是真丝，化纤面料为次。使用时需保持领带的干净与平整，表达精神、尊严与责任。领带结是系领带最重要的部分,各种不同的系法可以得到不同大小、形状的领带结,可视衬衣领子的款式选择合适的系法。系好的领带结要饱满、平整,与衬衣领口吻合、紧凑,两端自然下垂,宽片略长于窄片,长度以正好垂到皮带扣为准。如有西装背心,领带应置于背心之内,并且在背心下端看不到领带尖。领带夹首先是用来固定领带的,其次才是装饰功能,因而应夹在从上往下数衬衣的第四粒与第五粒纽扣之间,西装系好扣子后,应该看不到领带夹。

领带还有多种系法:

交叉结。单色素雅质料且较薄领带适合选用,喜欢展现流行感的人不妨多加使用"交叉结"(图2-6)。

交叉结

图 2-6　交叉结(cross knot)

双环结。一条质地细致的领带再搭配上双环结颇能营造时尚感,适合年轻的上班族选用。该领结完成的特色就是第一圈会稍露出于第二圈之外,注意别刻意给盖住了(图2-7)。

双环结

图 2-7　双环结(double knot)

双交叉结。这种领结很容易让人有种高雅且隆重的感觉,适合正式活动场合选用。该领结应多运用在素色且丝质领带上,若搭配大翻领的衬衫不但适合且有种尊贵感(图2-8)。

双交叉结

图 2-8　双交叉结(double cross knot)

服饰色彩搭配

色彩给人的视觉刺激是极为敏感且强烈的。不同的色彩能引起知觉上不同的心理效应，因此在着装上应了解一些色彩搭配的基本原则。

服装配色有以下几种主要方式。

⊙统一法。指使服装色彩获得统一色调的服装配色方法。比如，全身上下及配件采用一个色调，如全身白色调、全身粉色调等。这种配色法往往产生一种和谐的效果，一般适合比较正式的场合。

⊙呼应法。上、下衣，上衣和帽子、鞋、提包等相呼应，如赤色裙子宜配黑白条或黑白花上衣，戴红帽子应配红挎包或红白花纺的上衣。这种呼应配色使人感到和谐又活泼，适合晚会、观看文艺演出及电影时穿着。

⊙陪衬法。上、下衣，上衣和袖边，裙子和下摆、裙带，上衣和衣领等，用黑、白、红、黄等色相陪衬，用对比方法显示出一种生动、活泼的色彩美。此种配色方法适合学生或青年人外出旅行时穿着。

⊙点缀法。在统一色调的服装上点缀不同色或相反色的袖边、领口、口袋或装饰等，这种配色法显得文雅又庄重，作为职业女性穿着较为适宜。

⊙对比法。上、下衣，上衣的领子和袖子，上衣的某一部位和上衣整体，裙子、裤子的不同片，用不同的颜色相配，形成鲜明的反差，显示出鲜艳、活泼、明快的感觉。一般情况下，这种匹配法较适合儿童及运动员的着装。

思考与练习

1.酒店服务人员注重自身的仪容、仪表有哪些意义？

2.选择1～2个酒店服务岗位，进行着装练习。

3.酒店服务人员应如何巧妙运用人体构造学、色彩学等实用的美学基本原理，穿出自己的个性、品位、美感？

4.仔细观察自己的容貌，选择合适自己的妆容、发型与服饰。平时多看一些提高内涵的书籍与时尚杂志，提高个人的修养和美感。

模块二
礼仪习题

模块三课前准备

1.预习模块三的内容。在网上搜索站、坐、走、蹲姿,微笑、目光及手势语等的规范,并记下网址。

2.女生最好准备一双跟高3厘米左右的高跟鞋,男生准备一双皮鞋。

3.每人准备一面小镜子及一根筷子。

4.团队作业:课后排演一酒店招聘面试场景(3分钟左右),8人为一小组,设置小组长,5人扮演面试者,3人扮演招聘者,招聘岗位及面试问题自拟。

要求:

(1)写出上课前出演情景剧的小剧本。

(2)小组长做好每人参与的状态记录等。

××酒店招聘面试情景剧编写排演过程记录

时　间		地　点	
参与人员			
过程记录			
小组成员成绩	优秀□　良好□　一般□		

5.教师布置模块三中综合能力训练内容:

(1)让学生在化淡妆、穿适合衣服的条件下角色分工并进行礼仪小品演出。

要求:以寝室为单位,内容可选取校园内学习生活中的事例,范围限于礼仪相关内容,如寝室里的生活、食堂吃饭、课堂中接电话等。

(2)学生形象自我设计展示(可选择)。

要求:按个人特点进行自我形象包装,挖掘并展示自己美好的一面,提高个人自信及审美情趣。

模块三　酒店服务人员的仪态

知识目标——掌握酒店人员需注意的体态语及不同体态语的规范要求。

能力目标——根据酒店服务人员仪态的规范要求，在不同工作岗位上熟练使
用各种标准体态语。

课前测试：

1. 上网查看姿态相关的内容，并谈观后感想。

2. 上交各小组情景剧小剧本，抽查 1～2 个小组，完成上次课布置的情景剧的表
演、点评并引课。

酒店自助餐

　　张先生公司旁最近新开了一家自助餐厅。听说那里的自助餐不仅品种丰富，
口味也很不错。一天晚上加班后，张先生就约了几位同事去吃自助餐。由于是晚
上 8 点多了，餐厅里客人很少。当张先生和同事进入餐厅时，发现门口的迎宾小姐
正倚靠在玻璃门上，一看有客人来了，赶紧问好。张先生还跟同事打趣说："服务员
小姐闲得剥指甲了，看来生意不怎么样啊！"大家说笑着往里走。这时里面本来挤
在一起看手机的服务员中的一位，急急忙忙跑过来大声地问了句："先生几位？"张
先生回答说："三位。"然后那位服务员就用手指指着前方的一张桌子说："你们就坐
在那里吧！"张先生和同事定好座位后，就去挑选食品了。这家餐厅自助餐的品种
的确很多，张先生先逛了一圈，准备拿汤时，发现旁边有位服务员倚着放食品的台
子，先用手抓了抓头皮，然后还拍一下，看到张先生盯着她时，就若无其事地把眼光
转到了别处，还向其他同事做了一个鬼脸。在张先生拿食品时，她还不时看看他，

然后凑到旁边服务员耳边说着悄悄话。张先生看到这种情况，禁不住要揣测："难道我今天的打扮有问题？还是服务员嫌我东西拿太多了？"

练习：请指出案例中酒店服务人员的仪态错误之处：＿＿＿＿＿＿＿＿＿＿＿

＿＿＿＿＿＿＿＿＿＿＿＿＿＿＿＿＿＿＿＿＿＿＿＿＿＿＿＿＿＿＿＿＿＿＿＿

＿＿＿＿＿＿＿＿＿＿＿＿＿＿＿＿＿＿＿＿＿＿＿＿＿＿＿＿＿＿＿＿＿＿＿＿

案例分析：案例中服务人员有很多不优雅、不文明的体态语，这些体态语严重影响了服务人员的个人形象和酒店形象，也是对客人极不尊重的一种表现。

知识储备

一、概　述

职业人不仅要有得体的衣着，还要有优雅的身姿。挺直的脊背、开朗的心胸、发自内心的微笑、活泼生动的表情……都会给人以愉快的印象。落落大方、气质高雅，再加上自然、顾盼生辉的优美体态，谁会忘记这个独特的你呢？

现代科学研究表明，在许多场合，无声语言显示的意义要比有声语言多得多、深刻得多，因为许多有声语言会把所表达的意思大部分甚至绝大部分隐藏起来。体态身姿作为一种交流符号，在人际交流中有十分重要的意义。国外学者曾经设计了一套可以用来记录面部表情和身体动作的、代表"身姿语"最小单位的符号。这个符号系统细微地描绘了由代表人体各个部分的几种基本符号所表达的含义。这些组成部分是身体语言的最小单位表达，它们结合在一起就构成了身体语言，具有特定的意义。在不同的情境中或不同的文化背景下，同一种身姿可能含有不同的意义；即使在同一文化背景下，同一个人的同一身姿，由于前后环境不同，也可能有不同的含义。身体语言超越了语言的范围，表现着复杂的感觉和情感，是基本礼仪的重要方面。在职业交往中，我们必须重视身体语言的礼仪意义，了解和熟悉某些常见身姿、手势（图 3-1），有助于更准确地相互了解和交流。

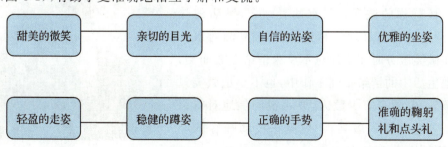

图 3-1　酒店人员的基本仪态及体态语

二、表情语

表情语即面部表情语言，就是通过面部器官（包括眼、嘴、舌、鼻、脸等）的动作势态所表示的信息。美国学者巴克经过研究发现，光是人的脸，就能够做出大约 25 万种不同的表情。面部表情反映人的内心情感，可以传情达意，是态势语中最有表现力和最重要的部分。

（一）微 笑

现实生活中，笑是千姿百态的，笑的内容也丰富多彩。美国科学家提出人有五种基本的笑容：微笑、轻笑、大笑、抿嘴而笑、皮笑肉不笑。而善于交际的人在人际交往中的第一个行动就是微笑。一个友好、真诚的微笑会传递许多信息。微笑能够使交流在一个轻松的氛围中展开，可以消除由于陌生、紧张带来的障碍。同时，微笑也显示出你的自信心，希望能够通过良好的交流达到预设的目标。

为了展示酒店服务人员应有的素养，也是酒店服务人员应有的礼貌修养的外化表现，在酒店服务中都要求开展微笑服务。在酒店行业，经常把微笑看作"拨动顾客心弦的最美好的语言"。微笑是酒店服务人员内心真诚友善的自然表露，是乐观敬业精神的具体体现。美国希尔顿酒店的集团创始人康拉德·希尔顿常常这样问下属："你今天对客人微笑了吗？"他还要求员工们记住："无论酒店本身遇到的困难如何，希尔顿酒店服务员脸上的微笑，永远是属于客人的阳光。"果然，服务员脸上永恒的微笑，帮助希尔顿酒店度过了 20 世纪 30 年代美国空前的经济萧条时期，在全美酒店倒闭 80％的情况下，希尔顿酒店跨入了黄金时代，发展成为享誉全球的酒店。可见微笑的重要性。

酒店服务人员的微笑要做到以下两点：第一，笑要发自内心；第二，笑要声情并茂。在酒店服务工作中，甜美的微笑必须伴以礼貌的语言，两者相辅相成。如果脸上挂着微笑，却出口伤人，其微笑就失去了意义；如果语言文明礼貌，却面无表情，客人也会怀疑你的诚意。只有两者结合，酒店的热情、诚意才能为客人理解和接受。另外，酒店服务人员在微笑服务时还要注意不要为情绪左右而笑，不要把生活中的情绪带到工作中，也不要把微笑只留给领导、老顾客等少数人，要一视同仁地对待每个人。只有这样的微笑，才能真正拨动顾客的心弦，做到笑迎天下客（图 3-2）！

图 3-2　微笑

课堂练习

1.由内心出发,眉开眼笑。

2.面部肌肉放松,嘴角上翘。

3.视个人情况而定,可露牙或不露牙。

(二)目 光

目光也称目光语,它是在交际中通过视线接触所传递的信息。人与人的沟通,眼神是最清楚、最正确的信号,因为人的瞳孔是不能自主控制的。眼睛是心灵之窗,心灵是眼神之源。眼睛是人体中无法掩盖情感的焦点。《人体秘语》的作者莫里斯给人类的"眼睛"下了这样的定义——它直径大约2.5厘米,却像是从石器时代以来就有的最复杂的电视摄影机。在眼球后方感光灵敏的角膜含有1.37亿个细胞,这些感光细胞,在任何时间均可同时处理150万个信息,并将收到的信息传送至脑部。这就说明,即使是一瞬即逝的眼神,也能传递出千万个信息,表达丰富的情感和意向,泄露心底深处的秘密。所以人的感情自然就能从眼睛中反映出来。瞳孔的变化是人不能自主控制的,瞳孔的放大和收缩,真实地反映着复杂多变的心理活动。当一个人感到愉悦、喜爱、兴奋时,瞳孔就会扩大到平常的四倍;相反地,当感到生气、厌恶、消极时,瞳孔会收缩得很小;瞳孔不起变化,表示他对所看到的事物漠不关心或者感到无聊。

酒店服务人员要学会从客人的眼神中读取信息,可以根据客人眼球的转动、眼皮的张合、视线的转移速度和方向、眼与头部动作的配合等细节来判断客人最需要的服务。同时,酒店服务人员在与客人的交流中应注意自己目光的注视方向、注视位置和注视时间。注视的方式一般应选用平视,视线水平表现客观和理智。注视的时间长短依关系疏密而定,酒店服务人员在对客服务中注视时长占比应保持60%左右,低于30%则表示对对方本人或交谈的话题没什么兴趣,有时也是疲倦、乏力的表现。视线接触时,一般连续注视对方的时间不应超过6秒钟,长时间的凝视、直视对方某一部位是非常失礼的行为。同时也忌讳盯视、瞟、瞥、斜视、眯眼、偷窥、白眼、飘忽不定或上下打量对方等目光。注视的部位应选择双眼与嘴唇之间的三角区位。总之,酒店服务人员的目光应传达出友好、亲切、热情。

三、动作语

(一)手势语

手是人体活动幅度最大、操作最自如的部分。手势语是人体语最重要的组成部分,是最重要的无声语言。它过去是、现在是、将来仍然是人际交往中不可或缺的工具。

在酒店服务中，规范和适度的手势可以增强感情的表达，但运用不当，便会适得其反，因此在运用手势时要注意几个原则。首先要简约明快，要容易理解；其次要雅观自然，不能运用粗野、不文明的手势；最后要协调一致，即手势应与全身协调，与情感协调，与口语协调。手势要靠与面部表情和身体各部分的配合，才能使客人感到热情与真诚。酒店服务人员最常用的手势是引路、指示方向。这时应注意不宜用手指指点点，而应用手掌，即手指自然并拢，掌心向上，以肘关节为支点，指示目标。手势要给人一种优雅、彬彬有礼的感觉。当然，手势语言特别丰富，有时同一种手势，在不同国家（地区）有不同的含义。所以酒店从业人员使用手势时还应注意各国（地区）不同的习惯，了解不同国家（地区）手势的不同含义。

手势语的注意点

（二）站　姿

站姿是人的静态造型动作，是其他人体静、动态造型的基础和起点。优美的站姿能显示人的自信，并给他人留下美好的印象。酒店中大部分服务人员、服务人员的大部分时间都是采用站立服务方式的，因此站立对酒店服务人员的形象来说显得特别重要。站姿对男士的要求是稳健，对女士的要求则是优美。标准的站姿，应该是收腹

站姿

立腰，精神饱满，两眼平视，两肩齐平，两臂自然下垂（图 3-3、图 3-4），双手轻握于身前或身后，身体重心落于两腿正中。女服务员两脚跟并拢，两脚尖张开呈 45°（图 3-4），或双脚呈小"丁"字步站立（图 3-5）；男服务员双腿微微分开，双脚与肩保持同宽（图 3-3、图 3-6）。

图 3-3　标准站姿(1)

图 3-4　标准站姿(2)

图 3-5　标准站姿(3)

图 3-6　标准站姿(4)

　　在工作中,为了维持较长时间的站立或稍事休息,标准站姿的脚姿可做变化,如身体重心偏移到其中一只脚上,另一只脚稍屈以休息,然后轮换。但是上身仍须直挺,伸出的脚不可太远,双腿不可叉开得过大,变换不可过于频繁,膝部要注意伸直。但不论怎么累,酒店服务人员在工作时间内都应注意身体不可以不停摇摆,或两手插入口袋,或倚靠在其他物件上;也不可以双手叉腰,或抱在胸前(图 3-7、图 3-8)。总之,酒店服务人员的站姿应该给人优美亲切的感觉。

图 3-7　不雅站姿(1)

图 3-8　不雅站姿(2)

（三）坐　姿

酒店服务中也有些岗位是需要服务人员坐着为客人提供服务的，比如大堂副理接受客人投诉或建议时、商务中心文员为客人打字或办理票务时、坐式前台为客人办理入住或结账时等。此时坐姿是否优美就会影响到客人对酒店的印象。

正确坐姿的基本要领为：上体保持立腰直挺，勿弯腰驼背，也不可以前贴桌边、后靠椅背，上体与桌、椅均应保持一拳左右的距离；女士双膝并拢，不可双腿分开；双脚自然垂地。双手应掌心向下相叠或两手相握，放于身体的一边或膝盖之上，头、额、颈保持站立时的姿态不变。一般来说，男性两腿之间可以有一拳到略小于肩的距离，而女性必须两腿并拢且无空隙。为了使坐姿更加正确优美，应该注意落座时声音要轻，动作要缓。正常情况下，从椅子左侧向右前方跨出半步落座，落座过程中，腰、腿肌肉要稍有紧张感；坐下后不要随意挪动椅子或腿脚不停抖动；坐着时不盘腿、不脱鞋、头不上扬下垂、背不前俯后仰、腿不搭座椅扶手。起立时要端庄稳重，不要弄得桌椅乱响。另外还要特别注意，一般不要坐满整张椅子，更不能舒舒服服地靠在椅背上。正确的坐法是坐满椅子的 2/3 处，背部挺直，身体稍向前倾，表示尊重和谦虚。

我们平时常见的坐姿有以下几种。

⊙ **双腿垂直式。** 这是最基本的坐姿，适用于最正规的场合。要求上身与大腿，大腿与小腿，小腿与地面，都应当成直角，女士应双膝双脚完全并拢（图 3-9）。

图 3-9 双腿垂直式坐姿

⊙**双腿斜放式。**双膝先并拢,然后双脚向左或向右放,力求使斜放后的腿部与地面成 45°角(图 3-10)。

⊙**双腿叠放式。**将双腿完全地一上一下交叠在一起,交叠后的两腿之间没有任何空隙,犹如一条直线,双腿斜放于左侧或右侧,斜放后的腿部与地面成 45°角,叠放在上的脚尖垂向地面(图 3-11)。

图 3-10 双腿斜放式坐姿   图 3-11 双腿叠放式坐姿

⊙**双脚内收式**。主要要求是两条大腿首先并拢，两脚呈"丁"字步或呈小"八"字向内侧屈回，双脚脚掌着地（图3-12）。

图 3-12　双脚内收式坐姿

坐姿的脚位放置姿态较多，如点式"丁"字步、小叠步等等，练习时仅作参考。

（四）走　姿

站姿和坐姿被称作是人体的静态造型，而步态则是人体的动态造型，它产生的是运动之美。走路，我们每个人都会，但如果走出风度、走出优雅、走出美来，则要靠平时的练习和高要求。古语"行如风"，要求人们走起路来像风一样轻盈，就是应做到：两眼平视前方；上体正直，收腹挺胸，立腰；身体重心落于足的中央，不可偏斜。迈步前进时，重心应从足的中间移到足的前部；双臂靠近身体随步伐前后自然摆动；手指自然弯曲朝向身体。行走路线尽可能保持平直，步幅适中，两步的间距以自己一只脚的长度为宜。正确的走姿，上体的稳定和下体的频繁规律运动形成对比，和谐利落，均匀的脚步形成鲜明的节奏感；前后左右走动的平衡对称，体现了走姿的优雅稳健。一般要求男性的步伐应雄健有力、潇洒豪迈，步伐稍大，展现阳刚之美；女性的步伐应轻盈、含蓄，步伐略小，显示阴柔之姿。在酒店服务中，我们要求男、女服务人员的行走都应该是轻盈而稳健的。行走过程中不要弯腰驼背，歪肩晃脑，无精打采；不要边走边吸烟、吃零食、吹口哨、整理衣服或双手插在裤兜中，背着手左顾右盼；特别应注意克服内"八"字和外"八"字的走路方式、头部先前伸出去而腰和臀部后跟上来的前倾性走姿（图3-13、图3-14）。

应急状态下的走姿

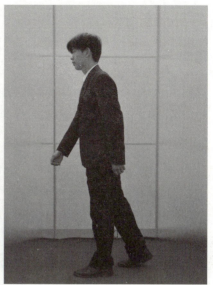

图 3-13 走姿(1)

图 3-14 走姿(2)

(五)蹲 姿

蹲姿的具体做法是脚稍分开,站在所取物品的旁边,蹲下屈膝去拿,不要低头,也不要弓背,要慢慢把腰部低下(图 3-15)。

图 3-15　蹲姿

　　酒店服务人员在服务工作中，有时还会需要拿取低处的物品或捡起落在地上的东西，这时不能只有弯上身、翘臀部的动作，而是首先走到要捡或拿的东西旁边，再使用正确的蹲姿，将东西拿起。服务人员可以采用的蹲姿一般有以下几种。

　　⊙**高低式**。高低式蹲姿，它的基本特征是，双膝一高一低。要求在下蹲时，左脚在前，右脚稍在后。左脚应完全着地，小腿基本垂直于地面；右脚脚掌着地，脚跟提起。这时右膝低于左膝，右膝内侧可以靠在左小腿内侧，形成左膝高、右膝低的姿态。女性应两腿靠紧，男性可以适度地分开。臀部向下，基本上以右腿支撑身体。一般情况下，高低式蹲姿被广大的服务人员采用。而男性服务人员在工作时选用这一方式，往往更为方便（图 3-15）。

　　⊙**交叉式**。交叉式蹲姿，通常适用于女士，特别是穿短裙的女士采用。优点在于造型优美典雅。基本特征是蹲下后双腿交叉在一起。即在下蹲时，右脚在前，左脚在后，右小腿垂直于地面，全脚着地。右腿在上、左腿在下，两腿交叉重叠。左膝由后下方伸向右侧，左脚脚跟抬起，并且脚掌着地。两腿前后靠近，合力支撑身体。上身略向前倾，而臀部朝下。

　　⊙**半蹲式**。半蹲式蹲姿，一般是在行走时临时采用。它的正规程度不及前两种蹲姿，但在应急时也可采用。基本特征是身体半立半蹲。主要要求：下蹲时，上身稍许弯下，但不要和下肢构成直角或锐角；臀部务必向下，而不是撅起；双膝略为弯曲，角度一般为钝角；身体的重心应放在一条腿上；两腿之间不要分开过大。

　　⊙**半跪式**。半跪式蹲姿，又叫作单跪式蹲姿。它也是一种非正式蹲姿，多用在下蹲时间较长，或为了用力方便时。主要要求：在下蹲后，改为一腿单膝点地，臀部坐在脚跟上，以脚掌着地；另外一条腿应当全脚着地，小腿垂直于地面；双膝应同时向外，双腿应尽力靠拢。

　　酒店服务人员在服务过程中要特别注意不要突然下蹲。特别是在自己行进过程中要察看周围情况,蹲下来的时候,不要速度过快。另外还需要注意,下蹲时应和身边的人保持一定距离,最好和他人侧身相向,避免面对或背对他人下蹲。在与他人同时下蹲时,更要注意双方的距离,以防彼此"迎头相撞"或发生其他误会。

对客服务时的
空间距离

项目一:微笑、目光训练

(一)微笑训练

　　1.回忆美好的往事,想想微笑的好处,发自内心地微笑。(或播放一些美妙的音乐来营造良好的气氛,引导学生会心地微笑)

　　2.工具:一面镜子和一双一次性筷子。

　　3.微笑训练方法:

　　(1)用上、下各2颗前齿轻轻咬住筷子,检查嘴角的位置比筷子水平线高还是低。

　　(2)咬住筷子,并用手指把嘴角使劲拉到不能再上升的位置为止,保持30秒。

　　(3)拿下筷子,检查能够看到几颗牙齿。合格线是8~10颗牙齿。

　　(4)再一次咬住筷子,在30秒内反复说"一、一、一、……",以不断提升嘴角。

　　(5)拿下筷子,一边说"一……"一边用两手掌心按住左右脸蛋从下往上推按,把嘴角牢牢提起来。重复这个动作30秒。

　　(6)同样发"一……",但这次不用手来提升嘴角。如感到颧骨下方特别疲劳,可用手揉一下。

　　除了嘴角,眼睛和眉毛也可以进行同样的练习。

　　4.练习保持微笑笑容(可让邻座的同学互相对视微笑,保持30秒);练习在各种服务过程中面带微笑。

(二)目光训练

　　1.面对镜子进行平视、行注目礼的练习。

　　2.双手张开举在眼前,手掌向上提并随之展开,随着手掌的上提、打开,使眼睛一下子睁大有神。

　　3.两位同学为一组,进行注视时间、注视方向、注视位置的训练,如问答交谈、递接物品、一人站立另一人坐着时、目光交流时的

两两对视训练

身体姿态的变化等，并融入站、坐、走等姿态的练习。

项目二：站姿训练

（一）标准站姿的训练

1.靠墙站立。让每位学生背靠墙站立，要求后脑勺、背、臀、小腿肚、脚后跟紧贴墙、立腰、腿直，腰和墙之间的距离不能太大，最多只能容许侧放自己的一只手，两小腿之间夹一张纸，头上顶一本书，保证纸和书不掉到地上。

2.背靠背站立。两位同学为一组，背靠背站立，脚跟、腿肚、臀部、双肩和后脑勺贴紧（图 3-16）。

图 3-16　背靠背站立

（二）不雅站姿的演示

对常见的不雅站姿进行演示：两脚分叉分得太开；一肩高一肩低；松腹含胸；与他人勾肩搭背地站着；交叉两腿而站；等等。

项目三：走姿训练

（一）标准走姿的训练

1.走直线。可以在地上画一条直线，行走时双脚内侧稍稍碰到这条线。配上节奏明快的音乐，训练行走的节奏感。

2.根据酒店不同岗位的要求进行走姿的训练,可以带托盘行走或顶书行走。

(二)不雅走姿的演示

对常见的不雅走姿进行演示:脚尖出去方向不正,呈明显的外"八"字或内"八"字;脚迈大步,身子上下摆动或左右摇晃;双手左右横着摆动,像小学生走"一二一";手臂、腿部僵直或身子死板僵硬;脚步拖泥带水,蹭着地走;等等。

项目四:坐姿训练

(一)标准坐姿的训练

1.各种规范坐姿的训练。
2.入座起立的练习。

(二)不雅坐姿的演示

对常见的不雅坐姿进行演示:全身完全放松,瘫软在椅子上;架起"二郎腿"后,小腿晃晃荡荡;忽地坐下,腾地站起;叉开双腿倒骑椅子;把脚架在桌上、沙发上;两腿叉得很开或两腿伸得很远;等等。

项目五:蹲姿训练

(一)标准蹲姿的训练

1.用标准蹲姿取低处物品或捡起落在地上的物品。
2.模拟酒店场景,进行手托托盘送取低处物品或拾取地上物品时蹲姿的训练。

(二)不雅蹲姿的演示

对常见不雅蹲姿进行演示:身体前倾捡物品;弯腰、撅着屁股捡物品;等等。

项目六:手势训练

(一)引导、指示方向

引客员应走在客人左前方一米左右,目的是为客人指引方向,并对客人招呼"请跟我来",同时伴以手势。手势要求规范适度,在给客人指引大致方向时,应将手臂自然弯曲,手指并拢,手掌心向上,以肘关节为轴,指向目标,动作幅度不要过大过猛,同时眼睛要引导客人向目标望去(图 3-17)。

图 3-17　引领、指示方向

（二）表示"请"

将手五指伸直并拢，手心不要凹陷，手与地面成 45°角，手心向斜上方，肘关节微屈，动作时，手从腹前抬起，在横膈膜处。然后，以肘关节为轴向右（左）摆动，在身体右（左）侧稍前处控制住，左（右）手下垂。

（三）握手礼

以右手抬起一定的高度，五指并拢，掌心向上，以其肘部为轴，朝一定方向伸出手臂。手与前臂形成直线。摆臂的速度不可太快，要显得柔和，带有商量和助力的意思（图 3-18）。

图 3-18　握手

(四)递接物品

酒店服务人员在递接物品时尽可能用双手,所递物品正面向着客人,尖锐面应向着自己(图 3-19)。

图 3-19　递接物品

项目七:鞠躬礼训练

以腰为轴线进行 15°、30°、45°角鞠躬礼练习。注意鞠躬礼与点头礼的区别(图 3-20)。

图 3-20　鞠躬礼

项目八:综合训练

1.让学生在化淡妆、穿衣条件下角色分工,并进行礼仪小品演出。

要求:表演前 2 个星期布置课题,内容可自选,范围限于礼仪相关内容,如公共汽车上让座、寝室里的生活、食堂吃饭等。

2.学生形象自我设计展示。

（1）小组合作。教师给每个小组一定数量的报纸及透明胶带，让学生在小组中选出一名同学做模特，小组其他同学合作，用不超出20分钟的时间给这位模特做件衣服，主题自定。20分钟后让各小组的模特用走台步的形式进行展示（可相互拍照或录像），并讲解时装的设计理念。教师可根据各小组的合作情况及结果给出分数。

报纸装

（2）个人展示。要求：展示前2～4个星期布置的课题，学生按个人特点进行自我形象包装，挖掘并展示自己美好的一面，提高个人自信及审美情趣。

知识拓展

酒店服务人员常见的不良举止

1.当着客人的面打哈欠、擤鼻涕、挖耳朵等。有些服务人员习惯用小指、钥匙、牙签、发夹等当众挖鼻孔或者掏耳朵，这是一个很不好的习惯。尤其是在客人正在进餐时，这种不雅的小动作往往令旁观者感到非常恶心。

2.当众挠头皮。有些服务人员没能做好自己头部的清理工作，往往在公众场合忍不住头皮发痒而挠起头皮来，皮屑四散，令旁人大感不快。特别是在为客人点菜或上菜时，这是很难得到别人谅解的举动。

3.与客人交谈时东张西望，精神不集中，不注意倾听客人的谈话。

4.与客人说话时距离太近。与客人说话时的距离一般以1～1.5米为宜。不是靠得越近就越亲切。要知道每个人都有自己的空间领域，靠太近了有侵犯客人隐私之嫌。

5.与客人交流时露出不屑一顾、鄙弃的表情。有些服务人员在为客人服务时，因为客人对某些事物的不了解，比如不知如何使用酒店某种设施或客人点的菜都很便宜时，容易流露出此种表情。这是很不应该的。

6.在工作中或工作间隙吵吵闹闹或高声说笑，甚至旁若无人地手舞足蹈、前仰后合，动作夸张。

7.当着客人的面修剪指甲、打饱嗝、打喷嚏、剔牙、咳嗽、化妆、搓泥垢、整理衣饰等。

8.随便吐痰，随手扔垃圾，当众嚼口香糖。

9.不当使用手机。工作期间把手机铃声开很大，或使用不文明、吓人一跳的手机铃声，或在服务过程中接听手机。

10.在工作间隙双手交叉抱胸或双手插兜、歪头驼背、倚壁靠墙、东倒西歪等。

11.在服务过程中对客人评头论足，与其他服务员做说悄悄话状。

12.与客人同时进出门（厅、楼梯、电梯）时，与客人抢道并行，不打招呼超越客人。

13.发现某客人的服饰(或手中物品)非常喜欢,拿出手机赶快拍照。

14.发现有公众人物出现在酒店,赶快拿出手机拍照、要求合影或是签名。

15.乱用手势语。手势语在不同的国家、地区和民族所表达和理解的含义各不相同,酒店服务人员在服务中应尽可能少用,以免引起歧义。

思考与练习

1.酒店服务人员的仪态有哪些基本要求?

2.你对自己的仪态满意吗?找出自己的优点与缺点。怎样塑造自己的优雅举止?

3.微笑在酒店服务中具有什么样的作用?你有哪些更好的方法来进行微笑训练?

4.酒店服务人员在服务过程中有哪些情况需要暂时把微笑收回?应该用什么表情呢?

5.酒店服务人员的站姿、坐姿、走姿、蹲姿的基本要求是怎样的?平时应如何训练?

模块三
礼仪习题

模块四课前准备

1.预习模块四的内容。在网上搜索礼貌用语的规范。寻找酒店服务过程中正确应用及错误应用服务语言的案例,记录网址。

2.酒店服务人员在对客服务语言交流的过程中应该注意哪些非语言的正确表达?

3.团队作业。

(1)模块四中有许多的案例,请分小组挑选案例并表演出来。

(2)雅语是酒店服务人员在对客服务中应尽量使用的语言,如一般说“洗手间”而不说“厕所”,说“不太新鲜”而不说“发臭”等,其他如“要不要饭”“你们几个人”“不好意思,这个杯子您摔坏了,我们要罚款”等,都可以用更文雅的语句来表达。你觉得还有哪些可以用更文雅的词句来表达?

4.为什么在酒店服务中用电话语言交流时强调在语音、语调、语气上的修养?

5.酒店服务常用的十字礼貌用语是:_____

模块四　酒店服务的语言艺术

学习目标

知识目标——酒店服务语言的基本要求和基本原则。
能力目标——在对客服务中能使用恰当的语言。

经典游戏:将全班同学分成四纵队排好。把一句话写在纸条上给第一位同学看,再让第一位同学小声传给后面的同学,以此类推,到最后一位同学(传递信息过程需要限定一定的时间)时与第一位同学核对纸条上的内容,看情况如何。

教师点评,并引课。

课前测试:

1.上交上次课布置的作业及雅语的书面作业。

2.十字礼貌用语是 _____

3.服务中称谓要恰当,你认为服务语言中的称谓有哪些?

4.服务中亲切的语气需要服务员 _____

5.如何理解服务语言中的主动性原则?

6.酒店服务征询语应该注意 _____

7.酒店服务员在接打电话时应该 _____

8.为什么酒店服务员在接打电话时应该保持微笑的表情?

9.仅会说礼貌用语是不够的,服务过程禁用哪些语气、语调?

10.挑选书中案例进行表演,并点评讲解。

案例导入

一天,某人请客,准备好了一桌饭菜,一会儿来了三位客人,还有一位左等右等也没到。这时主人说:"该来的还不来。"这三个客人心里想:"我们不该来的倒来了。"于是,有个客人告辞说:"对不起,我有点事,失陪了。"他刚走,主人又说:"不该走的走了。"剩下那两个客人听了,以为主人是说他们该走的却赖着不走,于是其中

52

一个说了声"我有事,也该走了",也拂袖而去。主人见又走了一位,更着急了,说:"他们俩真多心,我说的又不是他俩。"最后那位客人一听,心想:"原来说的是我呀!"这位客人也生气地走了。

　　思考:写出这位主人不该说的话＿＿＿＿＿＿＿＿＿＿＿＿＿＿＿＿＿＿＿

＿＿＿＿＿＿＿＿＿＿＿＿＿＿＿＿＿＿＿＿＿＿＿＿＿＿＿＿＿＿＿＿＿＿＿＿＿

　　分析他为什么不该说＿＿＿＿＿＿＿＿＿＿＿＿＿＿＿＿＿＿＿＿＿＿＿＿

　　如果你是最后一位客人,你的心理反应是＿＿＿＿＿＿＿＿＿＿＿＿＿＿＿

　　案例分析:主人请客,本来是结善缘的,但他一再说出不该说的话,缘没结,反结了怨,可见说话是非常重要的。事实上,故事里的主人也没有恶意,只是急忙中脱口说出令人不快的话。说话很简单,上下嘴皮一动,话就出来了。一句话可以使国家、社会获得很大的利益;一句话也可能伤人害己,牺牲无辜者的生命。说话确实有会不会说的问题。讲究说话艺术的人能准确恰当地表达自己的意思,使对方欣然接受。总之,注意说话技巧、掌握语言艺术是每个酒店员工不可缺少的法宝。

一、酒店服务语言的概述

（一）酒店服务语言的基本要求

怀特太太

　　有一位先生为一位外国朋友订做生日蛋糕。他来到一家酒店的餐厅,对服务员小姐说:"小姐,您好,我要为我的一位外国朋友订一份生日蛋糕,同时打一份贺卡,你看可以吗?"服务员小姐接过订单一看,忙说:"请问您的朋友是小姐还是太太?"这位先生也不清楚这位外国朋友结婚没有,为难地抓了抓后脑勺说:"一大把岁数了,太太。"生日蛋糕做好后,服务员按地址到酒店客房送生日蛋糕。敲门后,一女子开门,服务员有礼貌地问:"请问,您是怀特太太吗?"女子愣了愣,不高兴地说:"咦,错了!"服务员丈二和尚摸不着头脑,抬头看看房间号,再回去打个电话问那位先生,没错,房间号码没错。再敲一遍,开门,"没错,怀特太太,这是您的蛋糕"。那女子大声说:"告诉你错了,这里只有怀特小姐,没有怀特太太。"啪一声,门大力关上,蛋糕掉地。

　　思考:"怀特太太"为何生气?＿＿＿＿＿＿＿＿＿＿＿＿＿＿＿＿＿＿＿

1. 称谓要恰当

称谓也叫称呼，是酒店服务人员与客人见面时的招呼用语。与客人交往时，称呼是否恰当，往往会影响整个交往过程。一个恰当的称呼，能很快消除主客间的距离感，进而产生亲近感；而不合适的称谓或犯忌的称呼，会招致客人的不满。使用称呼，首先要区分对象，切忌不分对象使用一样的称呼。其次要照顾习惯，即根据客人的语言习惯、文化层次以及地区风俗等因素，考虑使用不同的称呼。要注意不能犯忌。

2. 口齿清晰

口齿清晰并不是简单要求服务人员口齿伶俐，而是强调服务人员在为客人服务时，对于自己要表达的内容说得清、道得明。这就要求服务人员思路清楚、表达顺畅。

3. 用词准确

不同的词汇表达的意思不同，感情色彩也完全不同。服务人员在与客人交流时使用的字、词、句都应是准确、明白无误的。应避免使用容易产生歧义、模棱两可的词语。另外，应尽量避免使用网络语言。

4. 语气要亲切

语气亲切，是指酒店服务人员与客人说话时和蔼可亲，容易让人产生亲近感，能够拉近同客人间的感情距离。

5. 语调要柔和

语调柔和，是指酒店服务人员与客人说话时的语调适中、温和而不强烈。

6. 语言要简练

酒店服务人员在与客人交流时，使用的语言应当简练，言简意赅，不能反复重复，避免引起客人的不满。

7. 语义要明确

酒店服务人员在表达意思时使用的语言应该是明确、无误的，不会使客人产生歧义。

8. 要一视同仁

酒店服务人员在为客人服务时，会遇到不同身份、不同职业、不同年龄的客人，面对这些不同的客人，在语言的使用上不能让客人感到厚此薄彼，而应一视同仁。

（二）酒店服务语言的基本原则

酒店服务语言，必须在"服务"两字上做文章，即在服务语言的实践中，把服务的精神与理念充分体现出来,这是酒店服务语言运用的根本出发点。

1. 情感性原则

　　傍晚,一辆出租车在酒店门口停下,门童小方赶忙上前为客人拉开车门,车内的刘先生正准备付车费,小方等了一会儿,不见刘先生出来。原来,刘先生身边只有港币和美元,而司机不收外币。小方见状,马上与司机沟通,"师傅您好,麻烦您稍等",并引导刘先生前往前台兑换处。

　　刘先生:"小姐,帮我兑换5000港币和2000美元好吗?"

　　兑换员:"很对不起,先生,现在已没有那么多现金了啊!"

　　刘先生:"这怎么办? 我刚下飞机,身边只有外币,兑换不了钱我没办法付车费及交住店押金啊!"

　　兑换员微笑着说:"先生,要不这样,您先押等价的外币,我们先帮您付车费及住店押金,等您明天去银行兑换了再过来更换,您看这样可以吗?"

　　刘先生:"好、好,那真是太好了,谢谢你了,谢谢你们酒店。"

　　分析:案例中虽然只是一件小事,但所有的服务人员都能站在客人的立场上去提供服务,所有的语言都在为客人着想,给客人带来愉快的感觉。这个故事,对在酒店服务中创造良好的语言情感很有启示。

　　语言不仅是一种口头表达的艺术,更是一种心灵沟通的艺术。作为表达,主要是"善言",而作为沟通,则主要是"善听",要产生深刻的情感效应,最关键的是谈话者对对方的心理"了如指掌"。

所谓"情感性",从语言的角度来讲就是酒店服务人员对客人说话要亲切、热情,要善于运用语言的亲和性功能。在接待过程中,把客人当作自己的亲朋好友,营造出一种生动活泼、亲切随和的服务气氛,通过语言实现服务与被服务两者之间情感上的沟通和交流,实现心与心的交融。在这种气氛里,服务与被服务的双方都可以感受到一种轻松自然、水乳交融的温馨与舒适。

酒店服务人员与客人交谈中的情感表现,不仅取决于服务者个人的情绪,更取决于其服务意识和工作责任心。作为一名酒店服务人员,与客人的交谈仅仅达到清楚、准确传递信息是远远不够的,还必须通过自己的语言表达,沟通与客人的情感,让客人对自己的服务抱以赞赏的态度并能积极地配合,从而实现优质服务。

从酒店服务语言的实践看,语言服务的情感性除上面所说的情绪心境外,也是语言表达的技艺。譬如,"谢谢",是一句道谢语,是酒店服务人员使用最频繁的语言之一。因为"谢谢"最能体现人与人之间的理解、融洽与默契,是服务人员与客人双方友谊进一步深化发展的"助推器"。但是,"谢谢"怎样表达,却有许多讲究。通常情况下,道谢最好、最有效的表达方法和原则主要有:真心诚意地道谢,主动及时地道谢,直截了当地道谢，指名道姓地道谢，出人意料地道谢，把握分寸地道谢。

酒店服务语言情感表达的技艺，包括以下六大要素。

⊙**语态**。语态是服务人员对客人说话时情感和态度的表露。服务人员对客服务的语言要真诚甜美，充分体现出语言"敬、诚、雅、暖、谦"的风格。要以真诚的语言沟通客人的心灵，切不可随个人情绪变化而失态。要以不变应万变，时刻注意"四个一样"：情绪好坏一样和蔼，检查与不检查一样认真，生人与熟人一样对待，忙与不忙一样周到。

⊙**语调**。语调主要通过停顿、重音、升降三个方面的变化，分别表示出疑问、肯定、呼唤、冷漠以及其他复杂心理。从语言学的角度看，服务语言一般以 C 调（平直调）为宜，从而达到高低昂扬适度、亲切委婉动听，避免生硬粗粝，给客人一种温文尔雅的服务语言形象。

⊙**语气**。表达语气的主要手段是语调，其次是语气词的使用。语气词能帮助语气的表达，同时能在语调的基础上增加感情色彩。

⊙**语速**。语速要灵活掌握，因人而异，恰到好处。一般应快慢适中，适应对方速度，尽可能娓娓道来，给客人留下稳健的印象。

⊙**语音**。语音可分为音高、音强、音长和音色，要根据情景和谈话内容的需要，灵活运用。

⊙**语句**。语句泛指成句的话，运用语句的能力是酒店服务人员的基本功。提高语句运用能力的前提是加强文学修养。语句的运用，应着重注意准确性、艺术性、选择性、简洁性和迅速性。

2. 规范性原则

所谓规范，就是指标准和法式。酒店服务语言的规范性，就是要符合普通话的标准和法式。理由很简单，酒店服务人员接待的是全国各地甚至世界各地的客人，如果使用方言，势必造成严重的沟通障碍。酒店服务语言的规范性必须注意以下几点。

⊙**读音准确，吐字清楚**。语音是语言的物质外壳，是语言信息传递的外部载体，也是语言表达的基本形式，没有语音，就没有语言。因此，读音准确、吐词清楚是对酒店服务人员规范用语的最基本的要求。

⊙**语气得当**。语气是服务语言表达的重要方面，是语言面貌的重要特点。语气得当，可以充分表达酒店服务人员对客人的深厚情感，使客人倍感亲切。如果表达不当，也会使客人感到受了伤害。具体说来，主要有以下几个方面：把握好重读和轻读；忌用质问的语气说话；不用轻视的语气说话；熟悉常用语气词的表意范畴。

⊙**通俗易懂**。中国有句古语："一语天然万古新。"所谓"天然"，就是指说话要通俗易懂，不要咬文嚼字，一味追求文饰。客人来自不同的国家和地区，这种服务对象的广泛性和即说即逝的特点,决定了酒店服务语言必须通俗易懂。具体来说,就是:忌用方言、俚语,忌用行话和专业术语,忌用书面语言,忌用长句和逆序语。

⊙**条理清楚,表达亲切、自然、准确。** 在语言表达中,无论是书面语,还是交际口语,一个共同的要求就是要条理清楚,即中心突出,主次明确,逻辑性强。就酒店服务语言而言,要做到条理清楚,必须从总体上抓住五个"W"和一个"H"。

Who,即同谁说话,要根据不同的服务对象,使用不同的说话方式和风格,"话不对人",无条理可言。

Why,为什么说,即明确说话的目的。

What,说什么,即明确说话的内容。

When,什么时候说,因为说话时机的选择与谈话方式和效果是密切相关的。

Where,在什么地方说。不同的谈话地点,形成不同的语言环境,而不同的语言环境会产生不同的语言效果。

How,即怎样说。这是一个谈话思路和语言组织的策略问题,它贯穿于谈话的全过程,而条理是否清楚是其关键所在。

酒店服务人员的语言表达一定要亲切、自然、准确,这是酒店行业对服务语言的特殊要求。亲切,就是要做到话中有情,以表达对客人的欢迎和感激之情。自然,就是要"用心说话",证明自己对客人的热情发自内心,而非"履行公事"。准确,指能确切地表达事物的本来面貌,恰到好处地表达自己的意见和情感。

3. 主动性原则

某大酒店的门前,一对日本夫妇先后从车上走下,接待员接过行李,陪客人到总台前。

"我能为两位做些什么吗?"接待员十分礼貌地问。

"我在3天前离开大阪时与你们通过电话,预订了一间朝南的套房,说定今日下午抵达,请你帮忙查一下预订记录。"那位日本先生说话慢条斯理。

接待员早就料到他们的到来,因为预订记录上确实写着"三木夫妇今天下午来店"。问题是今天的客房出租率为100%,实在腾不出空房。"您的订房记录确实在这儿,但十分抱歉,今天我们没有一间空房,希望您能谅解。"接待员歉意深重地说道。

"那不行,我与三木夫人新婚旅行,特意到南京来瞻仰中山陵。我担心没房间,所以从大阪提前打电话来预订。你们已经答应的话怎能不算数?"三木先生的恼怒已十分明显。

"实在是万分抱歉。今天下午原定的一个旅行团增加了几名成员,多要了4个房间,所以原订的房间也不得不给他们了。"接待员如实相告。

三木夫妇更加生气了:"他们没预订却住进了房间,我们3天前就预订了反而睡露天不成？他们比我们重要？"本来说话很慢的三木先生此刻节奏加快了。

"不是那么回事。那个旅行团中有好多人在北京玩得太累，生了病。为了能照顾好那些病人，旅行社希望客人不要分散在几个饭店，所以便占了先生的房间。"接待员仍然不慌不忙地解释，"我向部门经理汇报过此事。我们已经与一家五星级的金陵饭店联系过了，他们今天有几间空房。我已代两位订了一间朝南的套间。那儿的设施比我们强，房间位置也好，可以观赏南京的市容。如果两位不介意，我马上派车送两位过去暂住一个晚上。尽管金陵饭店房价比我们高得多，但你只需按照预订时的价格付钱即可。明天上午我再派车接两位回来，我一定给两位安排一个朝南的套间。"

付三星级酒店的房费可以住五星级的酒店，何乐而不为？三木夫妇欣然同意。

问题：如果你是这位接待员，你会如何表达？_____

_____

这位接待员语言表达的优点有_____

还有什么不足吗？_____

分析：这家酒店的总台接待员在语言的主动性和被动性两个方面运用得较为成功。当客人来到总台时，接待员主动与客人打招呼，当接待员证实来客正是已经预订但酒店又无法满足其需要的那位日本客人时，语气开始由主动变为被动："……十分抱歉……希望您能谅解。"听到客人带有明显不满甚至抗议的话语后，接待员仍以被动的语气，诚恳地向客人进行解释。客人的火气越来越大，接待员在进一步作出解释的同时，提出了原已准备好的解决方案，当即得到客人的认可，问题得到圆满解决。

服务人员不管面对什么样的服务对象，都要主动、热情，一视同仁地在客人开口之前开口，这就是酒店服务语言的主动性原则。在酒店服务中，服务人员在满足客人需要的过程中，是否能开口在客人开口之前，是衡量服务人员的服务水平和服务质量的重要标准之一。服务人员在服务中保持语言的主动性，关键是要有一种好的对客交往的心态。服务语言要做到主动，首先必须保持成人型的主体心态，兼有家长型的慈爱式、儿童型的服从式，建构起符合酒店从业人员特质要求的良好的心理态势。如果没有这样一种心理态势，语言服务的主动性就无从谈起。

酒店服务语言的主动性原则，具体表现在以下几个方面：客人到的时候，要热情主动地打招呼；看到客人犹豫不决时，要主动询问；了解到客人有明显的需求动机时，要主动介绍；发现客人碰到问题时，要主动解释；看到客人离店或结束活动离开时，要主动送别。

4. 针对性原则

某酒店的外籍客人到餐厅吃中餐,出电梯,梯口服务员小吴礼貌地点头问候:"您好,先生!"客人微笑回答:"你好,小姐。"走进餐厅,引位员连忙问候:"您好,先生!"客人微笑点头,没作答。饭后顺便到酒店庭园散步,刚出大门,门童小王问候道:"您好,先生!"客人下意识地点了一下头,散完步进门,小王的"您好,先生!"再次传入客人耳中,客人感到厌烦,径直去乘电梯回房,在电梯口恰遇小吴,一成不变地响起了:"您好,先生!"客人实在不高兴了,装着没听见,皱起了眉头,小吴丈二和尚摸不着头脑。客人离店时,给总经理留下一封投诉信:"……我真不明白你们酒店是怎么培训员工的? 在中午短短的时间内,我遇见的几位服务员竟千篇一律地简单重复着'您好,先生!',他们难道不会使用其他问候语吗? ……"

问题:客人为什么要投诉？ _____

请尝试用不同的问候语替代"您好,先生!" _____

分析:"您好,先生"是标准规范的问候语,对初次见面的客人说一声,显得礼貌得体,对短时间内多次见面的客人,重复使用该问候语就显得机械、呆板。因此,灵活使用不同的问候语问候客人,才会使其产生亲切感和新鲜感。

应针对不同的服务对象使用不同的服务语言。酒店服务人员运用语言服务于客人时,实际效果往往不取决于自己如何使用语言,而取决于自己所使用的语言能否被客人理解和接受。因此,应充分注意到客人的国籍、年龄、性别等身份特征,以及心理、性格、文化素养、风俗习惯等,能够针对不同的服务对象使用不同的服务语言。

使用服务语言时还必须针对特定的语言环境。所谓语言环境,主要是指说话的时间、场合和地点。同样的语言在不同的情景中使用会有完全不同的效果。酒店服务人员应该言随境适,为客人提供满意的服务。

5. 诚实性原则

金陵饭店中餐厅的服务员小岳久久难忘这样一件事。那一次开晚餐,由于客人太多,她在不断地说着"对不起,请让一下!"的同时,不得不侧身将一份炒青菜送到餐桌转盘上。当她再次返身巡台时,发现一位客人搭在椅背上的衣服有两块油渍,仔细一看,是菜汁,那儿正是自己上菜的地方。此时客人毫无察觉。小岳心里真矛盾:若立即上前主动告知并认错,也许客人会发火并影响食欲;不说呢,反正客人也没发现,即使走时发现,也可以否认,毕竟无凭无据地客人又能有什么办法。

　　经过思想斗争，最终小岳决定主动告知客人："对不起，打扰一下！很抱歉刚才上菜的时候，由于我不小心，在您的衣服上洒上了菜汁，真对不起，我立即帮您清洗。"客人很诧异地望着她，随后拿起衣服观看。小岳仍旧在道歉，其他的客人都盯着她，小岳脸涨得通红。过了一会儿，这位客人缓缓地对小岳说："小姐，你很诚实，我这个人是马大哈，你不告诉我，我也不会知道的！"小岳的脸红得更厉害了。那位客人又问道："你为什么主动告诉我？"小岳暗自羞惭，定了定神说："对不起，发生这件事很对不起您，影响了您的就餐情绪。金陵是五星级酒店，服务员更应该注意职业道德，而我认为诚实是职业道德的第一表现。"客人即刻释然，执意不肯将衣服给她送去清洗，他轻描淡写地对小岳说："没关系，没关系，回家用洗衣液一泡就没事了。你千万别把这事放在心上。"小岳向领班汇报了此事，又由领班出面向客人道歉，并为此赠送了水果。当客人起身离开时，小岳又再次向他道歉，他笑笑对小岳说："你千万别放在心上，每个人都难免犯错误，敢于认错并改正就好！"

　　问题：如果你是小岳会怎么做，为什么？＿＿＿＿＿＿＿＿＿＿＿＿＿＿

　　诚实性原则主要强调的是真诚与热诚。真诚，就是真实可信，要求酒店服务人员向客人传递的语言信息要"真"和"实"，也就是要说真话和实话，不说假话和虚话，特别是涉及客人切身利益的事情，一定要做到准确可靠。热诚，就是热心诚恳。酒店服务语言的热心诚恳主要表现在两个方面：一是对客人说话要恳切礼貌；二是说话要多从客人的利益角度进行表述，表现出自己确实是真心实意为客人着想的诚意。

　　酒店服务语言的真诚与热诚是内容与形式的关系，"真诚"着眼于语言表达的内容，而"热诚"的着重点是语言表达的形式。真诚与热情是一对孪生兄弟，没有"诚"的"情"，就像一副假面具，只能给人一种苍白之感。古人云："诚于中而形于外。"服务人员心理上、态度上的"诚"，形之于语言就表现为一种能使人感到可信赖的语言品德。"有了巧舌和诚意，你能够用一根头发牵来大象。"内容与形式两者是缺一不可的，酒店服务语言要想达到理想的交流效果，就必须做到语言内容与语言表达形式的高度统一。

　　语言表达形式，实质是语言表达的艺术。诚实性的根本目的是使客人爱听，并心悦诚服地接受服务人员发出的语言信息。俗话说："酒逢知己千杯少，话不投机半句多。"可见，说话不仅要诚实，而且还要注意掌握说话的艺术。根据酒店服务语言交流的实践，诚实的语言表达艺术主要应注意以下四个方面：注意客人的兴趣爱好；注意客人的性格特点；注意客人的潜在心理；注意客人的不同身份。

6. 礼貌性原则

　　某天上午，南京一家酒店前台服务员发现，3103、3104 房间的香港客人刘太太前一天晚上已结了账,可她第二天仍然住在房间里。刘太太是经理的老朋友,如果简单地前去询问她为什么不离店,显得太不礼貌,但不问一声又怕客人"跑账"。服务员将情况及时告诉了公关部,公关部副经理很有礼貌地给刘太太打了电话:"您好,您是刘太太吗?"

"是啊,您是谁?"

"我是公关部的,真不好意思,您来了几天,我们还没有来得及去看您。这几天看了医生吗?"

"谢谢,还可以。"

"听说您昨晚已到总台结了账,今天没走成。是飞机取消,还是火车没赶上? 您看公关部能为您做些什么吗?"

"谢谢,昨晚结账是因为陪同我来的朋友今天要离店。我想账单积得太多,先结一次比较好,这样走时结账就轻松了。我在这儿还要住几天呐,大夫说,一个疗程结束后还要观察。"

"刘太太,您不要客气,有什么需要我们做的只管吩咐,我这儿电话是4107。"

分析:这家酒店的公关人员用委婉而又礼貌的询问,探明了刘太太结账未走的原因。如果缺乏礼貌,直言询问,必然伤害客人的自尊心,从而损害酒店的形象。

礼貌是人们在社会交往中相互尊重、相互理解、相互体谅的具体表现。礼貌包括仪容、举止、谈吐三个方面。礼貌语言,是人类礼貌表达的一种重要方式,是任何一个社会的言行准则和道德规范的组成部分。酒店服务语言的礼貌性原则,是指酒店服务人员说话要注意尊重客人,讲究文明礼貌,对客人做到"敬而无失,恭而有礼"。使用礼貌语言,可以体现出服务人员的善良、和蔼、大度、文雅,它能给客人带去尊敬和心理的舒适与满足,博得客人的好感和谅解。

中国是个文明古国、礼仪之邦,礼貌语言非常丰富,运用也非常灵活,如敬重他人用"您";对他人有所要求,用"请""麻烦""劳驾";对别人提供的方便和帮助,用"谢谢""给您添麻烦了";给别人带来了不便,用"多包涵""对不起""请原谅";别人表示了歉意,要回以"没关系""算不了什么";别人表示谢意,可说"别客气";他人来参观访问,用"欢迎""欢迎光临";对不能及时处理的事,应说"请您稍候""麻烦您等一下";对正在等候你的人,用"让您久等了""对不起,让您等候多时了";对自己的失误表示歉意时,应说"实在很抱歉";接受吩咐时,说"明白了""清楚了,请您放心";没有听清楚他人的问话时,说"很对不起,我没听清,请重复一遍好吗";道别时,说"再见""一路平安""欢迎再来";等等。此外,礼貌用语还要根据客人的不同国籍、不同地区、不同民族、不同文化水平、不同职业、不同年龄、不同性别,灵活运用。

（三）酒店服务的语言艺术及其作用

1. 酒店服务的语言艺术

酒店服务语言作为一种言语艺术，是指其语言表达有很强的专业性、技巧性和明确的目的性。所谓专业性，就是酒店服务语言要反映酒店行业的服务特点，既要迎合客人的心理需求，又要符合酒店的规范要求；所谓技巧性，就是要根据不同的对象、不同的时间和地点，针对不同的问题，语气语调的把握，词语句式的选用，语体风格的表现，都要贴切得体，不仅要使客人乐意接受，还要让他们得到美的享受，产生一种心理上的愉悦感；所谓目的性，就是要求语言的表达为所解决的具体问题服务，即为满足客人的具体需求服务，为酒店树立一个良好的社会形象。这里的关键是技巧性。在酒店服务语言的表达中，如何做到称谓合适、切境适时、巧于询问、循循善诱、融情动心、借此说彼、侧击暗示、避实就虚、一语双关、委婉曲折、幽默风趣等等，都是对服务人员语言技巧的具体检验。

语言作为酒店服务的一种工具，具有很强的艺术性，因为对酒店来说，一方面要使客人感到满意，另一方面又要维护本企业的合法权益。要正确处理这两者之间的关系，最根本的就是要提高酒店服务人员语言表达的艺术水平。俗话说："一句话可以使人笑，一句话也可以使人跳。"美国社会心理学家哈特曼做过一次实验，从语言的角度给了我们深刻的启示：在一次选举之前，他准备了两份内容相同的宣言，都是劝说选民选举某政党，其中一份宣言带着浓厚的情感色彩，生动地描写了这个党如果在选举中失败将可能带来的悲惨后果，另一份宣言则用理性思辨的方式对这个党的政纲进行评述，力图用逻辑论证来说明该党失败后不可收拾的局面。他把这两份宣言同时印发出去，结果，在散发具有情感色彩的宣言的地区，选民投票赞成的人数明显地多于散发理性思辨色彩宣言的地区，而没有发放任何宣言的地区，投票赞成的人数最少。根据上述实验，哈特曼得出结论：在选举时情感号召比理性号召的作用更大。在酒店服务的实践中，如何避免因服务人员说话不当而得罪客人，如何对待少数客人的粗暴和无礼，如何处理酒店服务人员与客人的矛盾与冲突，化干戈为玉帛，提高酒店服务人员语言表达的艺术水平，不失为一种有效途径。

2. 酒店服务语言艺术的作用

服务语言的不断规范化，是酒店服务水平明显提高的一个重要标志。二十几年之前，在我国的酒店，诸如"你要饭吗""你知道吗""你懂不""你明白吗""是否要单间儿"这类有意无意伤害客人或引起客人不愉快的语言时有发生。现在已经大不相同了，客人听到的是"请问，您需要些什么""我能帮您做些什么""我非常乐意为您服务""很抱歉，我没有对您解释清楚""是否需要雅座"等，而且越来越专业化，越来越细化。如敬语,许多酒店不仅要求服务人员习惯熟练运用"请""您好"
"谢谢""对不起""再见"等十字敬语,还要求把敬语归纳成称呼敬
语、欢迎敬语、问候敬语、征询敬语、叙述敬语、致歉敬语、解释敬语、
欢送敬语、告别敬语,要求服务人员根据不同的用语目的,不同的时
间、地点,不同的场合,不同的对象,灵活运用。酒店服务的语言艺
术的作用具体表现在以下几方面。

酒店接待服务用语

(1)树立酒店服务形象

酒店是一个以提供劳动服务为主的特殊行业,与一般工业企业相比,在产品内
涵上有着本质的区别。如果说工业产品是制造出来的,那么,酒店产品则是通过酒
店从业人员的服务劳动"表演"出来的。酒店产品的核心是服务,具有综合性、无形
性、不可转移性、时间性和生产与消费的同步性等特点。因此,一家酒店在消费者
心目中的形象,就是这家酒店产品质量的最关键、最具体的体现。

服务人员对客人提供的包括智力技能和操作技能的服务中,只有语言技能服务
贯穿于服务的全过程。毫无疑问,服务人员的语言表达艺术及最终效果对酒店企业
的服务形象起着至关重要的作用。请看下面两段对话:

> A 酒店客房,上午 8:00。
>
> 客人:"小姐,请问,餐厅在几楼?"
>
> 服务员:"《服务指南》写得一清二楚,你自己去看!"
>
> 客人:"请你直接告诉我!"
>
> 服务员:"可我现在没有空!"
>
> 客人:"现在正是在你的有效服务时间之内,为什么没空?"
>
> 服务员:"我还有那么多的客人,怎么能为你一个人服务!"
>
> 客人:"你有这么多的时间与我争论,早就可以告诉我餐厅的位置了!"
>
> 服务员:"你有这么多时间,早就可以去看一下!"

> B 酒店餐厅,下午 6:30。几位客人进入零点餐厅,就座于右侧的一张餐
> 桌。10 多分钟后,服务员才姗姗而来,开始拾掇狼藉的餐桌。
>
> 客人:"小姐,请问,有什么饮料?"
>
> 服务员:"饮料品种多着呢!你们要喝什么?"
>
> 客人:"那柠檬红茶吧。"
>
> 服务员:"没有。"
>
> 服务员说完,端着油腻的餐具走了。客人耐心地等了10多分钟之后,
> 仍不见服务员前来服务,不得不站起来。
>
> 客人:"服务员!"

服务员："你们叫什么？为什么不举手？不举手我们怎么知道你们需要服务？"

客人："这餐饭我们不吃了！"

这两家酒店的服务员，与客人唇枪舌剑，气得客人愤愤不平地离开了餐厅，回到房间拨通了大堂副理的投诉电话。

分析：以上两家酒店服务员的共同问题是，应答客人的提问时不仅态度恶劣，而且语言生硬，很不礼貌。不难想象，在如此恶劣的服务语言的"摧残"下，酒店还有什么形象可言。服务时代，顾客要求"心理的满足与充实感"，这一消费期望给酒店服务语言提出了更高要求。

(2)沟通顾客情感

初夏的一个周日上午，一家涉外酒店的值班经理刚巡视回来就接到一个客人打来的外线电话："你们酒店是怎么回事，乱扣客人的钱！"客人怒气冲冲地说。

值班经理听到客人冲动的声音，仍以一种非常亲切、柔和的语气回答："您好，我是宾馆的值班经理，请您息怒，有什么麻烦我一定替您解决。请问先生贵姓？"

客人一听，对方的语气非常亲切，也改变了自己的语气："我是住709房的客人，姓陈，今天早上退房的时候服务员说房间里有一本《服务指南》不见了，结账时扣了我5元钱。因为我当时急着要去办事，没有跟你们计较，刚才和朋友谈起这件事，很没面子，心里觉得很不舒服。我们要那本《服务指南》有什么用？再说吧，就算是我们拿了《服务指南》，还可以替你们宾馆作宣传，凭什么要我们赔偿？"

"陈先生，您别着急，我去了解一下情况。请您留下电话号码，大概半小时后我给您答复，您看好吗？"征得同意后，值班经理放下了电话。经过对有关人员的调查询问以及实地查找，709房间确实丢失了一本《服务指南》。值班经理考虑到是否被前一位住客拿走了，但根据记录，陈先生入住前，楼层领班及部门经理都仔细地检查过这间OK房，所以这种可能性很小。另外还了解到，该客人入住期间曾在房间接待过访客。看来，如果陈先生没拿《服务指南》的话，应该是他的朋友拿走了。按宾馆的规定，《服务指南》不属于低值易耗品及赠品一类，而与客房的其他物品一起开列在《顾客须知》的"补偿物品"一栏上，总台人员按规定收取客人的补偿金是正确的。

半小时后，值班经理拨通了陈先生的电话："您好，陈先生。刚才我们到709房再次仔细寻找了一遍，没有找到那本《服务指南》。按照惯例，《服务指南》不属于赠送品,而客房里的台历、宣传册对宾馆的介绍更为全面,它们是免费送给客人的。"

"可我确实没有拿。"客人回答说。

"我们相信您没有拿。那么,入住期间有没有其他人到过您的房间呢?"

"有几位朋友到过,嗯!"

"无论如何,首先要感谢您对宾馆的支持,想到要替我们宾馆作宣传;感谢您给我们提出了一些在日后的工作中应该注意的问题。另外考虑到您也受到了损失,下次您邀请朋友来消费时,我们给您一定的优惠作为补偿,您看呢?"此时,客人感到值班经理的话语推心置腹,情真意切,便愉快地接受了建议。

分析:大堂值班经理在与客人的对话中,通过问候语气:"您好","请问先生贵姓";安慰语气:"请您息怒","您别着急";解释语气:"刚才我们到 709 房再次仔细寻找了一遍,可还是没有找到那本《服务指南》。按照惯例,《服务指南》不属于赠送品,……";感谢语气:"感谢您对宾馆的支持","感谢您给我们提出了一些在日后工作中应该注意的问题",并答应在今后的消费中给予"一定的优惠作为补偿",从而使客人心悦诚服。

多用敬称、敬词、敬语,是使用者对交际对方尊敬和友爱的体现,是与客人沟通情感的润滑剂。作为一名酒店服务人员,能适时而真诚地用好敬称、敬词和敬语,对于客人来说无疑是一个美丽的馈赠,就像一道彩虹,美丽地划过无垠的心空,从而引起客人情感上的连锁反应,一下子就拉近了与客人的距离,而服务人员也会感到自己工作在一种温馨的环境之中,从而不断激发自己的服务热情。敬称、敬词和敬语与其他社交方式一样丰富多变,要根据不同的对象、不同的场合、不同的内容、不同的时间和不同情况,得体使用。

"情感服务"是在客人追求"心理的满足与充实感"的时代酒店服务的又一特征。酒店服务就是用爱来换取爱,用信任来换取信任。要树立以情感人的思想,通过情深意切的语言营造出"真情＋亲情＋温情"的气氛。

在酒店服务中,已经形成了情感语言系统,这一语言系统的特点是和气、亲切、文雅、谦逊。具体表现在:语气亲切,对于传递人际情感具有重要作用。音节之间停顿的时间长短,音节发音的轻重,音节相连的速度快慢,句末语调的升降,构成了复杂多变的语气。不同的语气是不同感情的自然流露。语气千变万化,人们正是借助这些千变万化的语气来表达千差万别、细微曲折的思想内容和感情色彩。亲切柔和的语气,不仅能使客人感到温暖和鼓舞,而且还能迅速缩短服务人员与客人之间的心理差距,使双方感情融洽,服务顺利。所以,服务人员张口说话时,语气一定要自然柔和,语调要高低适中,语速要快慢适当,以显现对顾客的友善、信任和敬重。

（3）协调顾客关系

一天下午，一位香港客人来到上海某饭店总台问询处，怒气冲冲地责问接待员："你们为什么拒绝把我留下的一包东西转交给我的朋友？"当班接待员小祝连忙查阅值班记录，未见有关此事的记载，便对客人说："对不起，先生，请您先把这件事的经过告诉我好吗？"客人便讲述了此事的原委。原来他两天前住在这家饭店，在自己离店期间他的朋友会到这儿来取皮鞋，希望酒店代为保管、转交，服务员满口答应了，但这位服务员却未在值班簿上做记录。第二天当客人的朋友来取皮鞋时，另一位当班服务员见没有上一班的留言交代，虽然找到了那双皮鞋，但还是没让他取走，而是请他等那位服务员上班后直接向其领取。香港客人回店后知道此事，十分恼火，认为酒店这样做是言而无信，于是便有了本文开头的场面。

小祝听了香港客人的陈述，对这件事有了一个基本判断，马上对客人说："很抱歉，先生，这件事的责任在我们饭店。当时，值台服务员已经答应了您的要求，但他没有把此事在值班簿上做记录，造成脱节，使您的朋友没有领到东西，实在对不起，请原谅。"客人听到小祝道歉，气也消了。小祝接着说："先生，话又得说回来，后来那位服务员不肯把东西交给您的朋友，做得还是对的，因为在没有得到上一班交代的情况下，如果贸然把皮鞋交出去，那是对客人财物的不负责任，您说是吗？"客人点头表示同意。小祝随后便到储存柜里找出了那双皮鞋，问客人道："先生，这双皮鞋是继续放在这儿等您朋友来取呢，还是您现在拿回去？"客人答道："不必留下了，还是让我拿走吧。"小祝遂将皮鞋交给了客人。

根据客人的消费心理，酒店服务人员用语言沟通与客人的关系，通常要注意以下几个问题：用语要礼貌规范，切忌用粗俗、流气的语言；谨慎使用幽默语言，因为在不同文化背景下，幽默效果可能出现偏差，甚至相反；大胆使用面部表情，因为在任何一种文化背景下，微笑都代表着友善和快乐；在优雅的环境中大声说话具有攻击性，切不可认为年纪大的客人听力不好就可以提高嗓门；说话语速要适中，让交谈另一方有时间思考，并记住你谈话的要点；不可出言不逊，不可问人隐私，不可揭人之短；说话要注意给客人留面子，严禁使用对客人造成伤害的语言。

人类的沟通主要依靠口语和文字两大载体，而酒店服务人员与客人沟通的主要载体就是口语，用口语沟通人际关系颇有技巧。例如，客人催促服务时，服务员面带笑容地说："对不起，让您久等了，我为这位先生办完入住登记手续后，将立即为您服务。"客人听到如此温馨的语言，其急躁情绪就会烟消云散。但如果服务员说："着什么急，难道你没看见我正在忙吗？"则会使客人隐藏在内心的急躁情绪迅速外化，以致造成情绪上的对立进而导致行为上的冲突。

二、酒店服务语言的应用

（一）迎候语言

1. 迎客用语

迎客用语，是指当客人进入服务视线时，为使客人有宾至如归的感觉，服务人员主动向客人打招呼时使用的语言。

服务人员使用迎客用语时要注意把握好三个要点：第一，使用迎客用语离不开"欢迎"一词。最常用的迎客用语有："欢迎您的到来""欢迎光临""本店欢迎您""见到您很高兴"等等。第二，在客人再次光临时，要用欢迎语表示自己仍记得对方，让对方感知被重视、被尊重。具体做法是在欢迎用语前面加上对方的尊称，或加上其他专用词。例如，"张总，欢迎您的光临"，"赵女士，您好！我们又见面了"，"欢迎您再次光临本店"等。第三，在使用迎客用语时，通常一并使用问候语，必要时施以注视礼、致意礼、微笑礼、鞠躬礼、握手礼等。

2. 问候用语

问候用语，是指服务人员与客人相遇时，主动向客人问候时使用的语言。问候语使用得当，能拉近双方的距离，使客人感到舒心、温暖，为服务工作打下良好的感情基础。常用的问候语有："您好""早上好""晚上好"等。

问候语使用要点：第一，先问候身份高者，再问候身份低者；第二，当被问候者人数较多时，先问候与本人距离近者，再依次问候其他人；第三，问候时一定要投入感情，让客人真正感受到你的诚意，而不是表面上做样子；第四，问候时，眼神要专注，心态要平和，同时行微笑礼；第五，如果多次与同一位客人相遇，尽量使用不同的问候语。

（二）交流语言

1. 征询语

征询语确切地说就是征求意见询问语，例如，"先生，您看现在可以上菜了吗？""先生，您的酒可以开了吗？""先生，这个盘可以撤了吗？""小姐，您有什么吩咐吗？""小姐，如果您不介意，我把您的座位调整一下好吗？"

　　一对情侣到某酒店用餐，可这时餐厅内小餐桌已客满，于是服务员便将客人安排到大圆桌上用餐。但一会儿又来了八位客人，这时大圆桌均已坐满，而靠窗的小方桌又空了出来。于是服务员就简单地对这对情侣说："你们二位请到这边来。他们人多，让他们坐大圆桌行不行?"这时客人不高兴了，不耐烦地说道："不行! 我们就坐这儿，不动了!"这时一个餐厅主管走来了："二位实在对不起，给您添麻烦了! 靠窗的小方桌，更方便二位谈话。如果你们不介意的话，我给您二位调过去! 谢谢您的支持!"客人一下就变得平和起来，同意了主管的安排。

分析:服务人员在使用征询用语时，应把握好时机，同时还需要兼顾客人态度的变化。"良言一句三冬暖，恶语伤人六月寒。"酒店企业应对服务语言的艺术化与标准化引起高度的重视。

使用征询语时要注意以下几点:第一，注意客人的形体语言。例如当客人东张西望的时候，或从座位上站起来的时候，或招手的时候，都是在用自己的形体语言表示他有想法或者要求了。这时服务员应该立即走过去说:"先生/小姐，请问我能帮助您做点什么吗?""先生/小姐，您有什么吩咐吗?"第二，用协商的口吻。经常将"这样可不可以""您还满意吗"之类的征询语加在句末，显得更加谦恭，服务工作也更容易得到客人的支持。第三，应该把征询当作服务的一个程序，先征询意见，得到客人同意后再行动，不要自作主张。第四，有些征询语需要有封闭式的提问。例如，询问客人点饮料时，一般不直接说"请问需要什么饮料"，而应当这样提问:"请问需要什么饮料? 我们有鲜榨的西瓜汁……和酸奶、橙汁……"这样可避免客人所点的特殊饮品而酒店没有配备，造成服务不周的印象。

征询语常常也是服务的一个重要程序，如果省略了它，就会产生服务上的错乱。征询语运用不当，会使客人很不愉快。例如，客人已经点了菜，服务员不征询客人"先生，现在是否可以上菜了""先生，您的酒可以开了吗"就自作主张将菜端了上来，将酒打开了。如果客人还在等其他重要客人，或者还有一些重要谈话没有结束，这样做，就会使客人很不高兴。

2. 应答语

应答语，是指服务人员在为客人提供服务时，用以回应客人的召唤，或是在答复客人询问之时所使用的语言。例如，"是的""好""随时为您效劳""听候您的吩咐""这是我的荣幸""请不必客气""这是我们应该做的""不要紧""没关系""我不会介意的"等等。

服务人员在使用应答用语时要注意:第一，应答客人询问时，要站立回答，全神贯注地倾听，不能心不在焉，表情冷漠。第二，有众多客人问话时，应从容不迫地一一作答，不能厚此薄彼，冷落任何一位客人。第三，答应客人随后答复的事，一定要守信负责，尽量早点给客人满意的答复。第四，对客人过分或无礼的要求，要沉得住气，表现得有修养、有风度。第五，遇到个别客人提出某些带有挑衅性的、尖锐敏感的、不宜公开回答的或不宜正面回答的问题时，应避实就虚，灵活回答。

3. 指示语

指示语,是指服务人员在为客人提供服务时,对其一些行动给予方向性的建议用语。例如:"先生,请一直往前走!""先生,请随我来!""先生,请您稍坐一会儿,马上就给您上菜。"

使用指示语有下列要求:第一,避免命令式。例如,客人等不及了走进厨房去催菜,如果采用"先生请你出去,厨房是不能进去的!"这种命令似的语言,就会让客人感到很尴尬、很不高兴,甚至会与服务员吵起来。如果你这样说:"先生您有什么事让我来帮您,您在座位上稍坐,我马上就来好吗?"可能效果就会好得多。第二,语气要有磁性,眼光要柔和。指示语不仅要注意说法,还要注意语气要软、眼光要柔,这样才能给予客人好的感觉,从而消怨息怒。第三,应该配合手势。有些服务人员在碰到客人询问地址时,仅用简单的语言指示,甚至挥挥手、努努嘴,这是很不礼貌的。正确的做法是运用明确和客气的指示语,并辅以远端手势、近端手势或者下端手势,在可能的情况下,还要主动地走在前面给客人带路。

4. 推托语

推托语,是指服务人员无法满足客人的要求时委婉地表示拒绝的用语。例句:"您好,谢谢您的好意,不过……承蒙您的好意,但恐怕这样会违反酒店的规定,希望您理解。"

四川有个美食家罗亨长先生,20 世纪 90 年代初在四川文化厅、电视台的长顺街办了一家文化氛围很浓的小火锅店"吞之乎"。不少客人到这里就餐,放得开,很随意,还经常善意地出一些题目来难为老板。有一次客人说:"亨长,有没有炮弹?来一份!"亨长马上接过话来说:"有!有!我这里有泡盐蛋、泡皮蛋,'二流炮弹',给您来一份?"见没有难倒亨长,一会客人又说:"亨长你这有炮弹,还有没有月亮?"亨长叫服务员把窗子打开,搁一盆水在窗子旁,唱道:"天上有个太阳,水中有个月亮。"又对着后堂鸣堂叫菜,"上一盘推纱望月!"菜端出来了,原来是一盘"竹荪鸽蛋",亨长向客人解释,竹荪表示纱窗,鸽蛋代表月亮,所以叫"推纱望月",于是满座哑然失笑,大喜过望。

分析:老板应该与客人多交流,也可以通过幽默的方式来调节气氛,总之尽量不要拒绝客人的要求。当然,服务员通常不能与客人这样开玩笑,在商业交往中要讲一个对等的原则。但是这样的思维方式很值得借鉴。

推托语的使用有下列要求:一般应该先肯定,后否定;客气委婉,不能简单直接地拒绝。

5. 致谢语

　　某餐馆一位客人在用餐的时候，不经意将筷子掉在了地上。这个客人也不讲究，捡起筷子略擦了擦便准备继续使用。这时值台的服务员小姐眼疾手快，马上将一双干净筷子递到了客人的面前，并说："对不起，请用这一双，谢谢合作！"客人大受感动，离开餐厅之前特地找到了大堂经理夸奖这位服务员说："你们的小姐反应迅速，她帮助了我还要感谢我，真是训练有素。希望餐厅给予奖励。"

　　致谢语，是指服务人员在获得客人帮助、得到客人支持、赢得客人理解、感到客人善意、婉言谢绝客人或得到客人赞美时，用以表达自己对客人感激之情的用语。例如："谢谢您的好意"，"谢谢您的合作"，"谢谢您的鼓励"，"谢谢您的夸奖"，"谢谢您的帮助"，"谢谢您的提醒"。

　　使用致谢语有下列要求：第一，客人表扬、帮忙或者提意见的时候，都要使用答谢语；第二，要清楚爽快。

　　此外，客人提出一些服务方面的意见，有的意见不一定提得对，这时有的服务人员就喜欢去争辩，这是不对的。正确的做法是，不管他提得对不对，我们都要向其表示："好的，谢谢您的好意！"或者"谢谢您的提醒！"客人有时高兴了夸奖服务人员时，也不能无动于衷，而应该马上用答谢语给予回报。

6. 提醒道歉语

　　老王的亲家很擅长喝白酒，每次吃饭老王都以大杯的好酒相待。某次老王全家陪着亲家到一个著名餐厅吃饭，因多数人不喝酒，老王就点了菊花茶，但专门给亲家点了一瓶五粮液。由于餐厅内的酒杯太小，赶不上亲家的口，于是老王就将亲家面前的菊花茶倒掉，给他满满地斟上五粮液。哪知酒才喝了半杯，服务员来斟茶了，她也不打招呼，快速地将茶倒进了老王亲家的酒杯里。服务倒是极快捷，但五粮液却泡汤了。

　　分析：提醒道歉语是服务语言的重要组成部分，使用得好，会使客人感受到尊重，对餐厅留下良好的印象。同时提醒道歉语又是一个必要的服务程序，缺少了这一个程序，往往会使服务出现问题。服务员的正确做法是先说"对不起，打搅一下！给您……好吗？"当然不必给桌上的每一个客人都要说一次"对不起"这样的话，但给主宾位的客人或为第一个客人服务时，一定要采用提醒道歉语，之后依次服务采用手势就行了。

　　提醒道歉语，是指服务人员在对客服务时，因各种原因给客人带来了不便，或妨碍、打扰了客人时向客人表达歉意的用语。例如："对不起，打搅一下！""对不起，让您久等了！""请原谅，这是我的错。"

对这类语言的处理,要求做到以下两点:第一,把提醒道歉语当作口头禅和必要的一个服务程序;第二,要诚恳主动。

7. 推销语

推销语,是指服务人员在向客人推销酒店产品或服务时所使用的语言。推销语是一种艺术,运用得当可以很好地促进客人的消费,这需要服务人员长期学习,不断琢磨。例如:"先生,来点红酒还是白酒?""小姐,是来只螃蟹还是来点基围虾?""先生,是上一个鱼头还是两个鱼头?"

推销语的几点要求:

第一,多用选择疑问句。

某餐厅来了一桌客人,有先生、女士、小孩。可以首先从小孩的推销做起。"请问小朋友喝点雪碧还是可乐?"很可能在大人还没有准备的情况下,小朋友就会有所选择了。大人迁就孩子,小孩的饮品确定后,随即可转向女士:"请问夫人来一点红牛、白果粥还是酸奶? 这些都是很时尚的营养饮品,都有较好的美容保健作用。"女士可能会高兴地选上其中一种。孩子、夫人都点了饮料,先生和他的朋友们的胆就壮了,于是又转向男士问道:"先生来点白酒还是啤酒? 不过现在也时兴喝红酒。"酒的种类确定了,接着可以继续用选择疑问句确定具体的品牌。如此的推销术,成功机会能提高许多。

分析:由于采用选择疑问句,拓展了酒店的产品和服务,给予了顾客选择余地,同时也让顾客了解了一些信息,增加了一些有趣味的话题。所以选择疑问句是推销成功的语言秘诀之一。

第二,将顾客的单一追求引导到多元化的选择上去。

一位客人要点一份八宝粥,虽然餐厅里已经没有了,服务员仍然说:"好的! 不过今天八宝粥已经卖完了,现在还有黑米粥、玉米粥、西米粥、皮蛋瘦肉粥,都很有风味,换个口味好吗?"于是客人欣然点了玉米粥。

分析:有些客人点菜总是按照自己熟悉的点。其实他们对餐厅里有什么特色、有什么新菜并不了解。点了菜,服务员简单地说一句没有,他们会感到很失望,于是失去消费欲望。如果这时服务员抓住机会,向客人介绍与之所点菜品相关的其他菜品,将其单一的追求,引导到多元化的需求上去就会取得较好的效果。

第三,利用顺口溜、打油诗或者典故对菜品作深入细致的介绍。

某酒店的招牌菜之一口水鸡,客人不明白问服务员:"什么味道?"服务员马上就说,这是最有川东特色的名菜,并用编好的一首顺口溜介绍:"口水鸡呀口水鸡,阿妹做菜好手艺。麻辣酸甜又鲜香,川菜川妹一出戏。"客人高兴了，马上点了这道菜。

用顺口溜的形式推销产品或服务，既能增加了服务员的自信心，又给推销增加了趣味性和可信度。

8.告别语

告别语，是指服务人员与客人短暂告别或长时间告别时所使用的语言。例如："先生，再见"，"先生一路平安（客人要远去时）"，"希望再次见到您"，"先生您走好"。

使用告别用语时应注意：第一，声音响亮有余韵；第二，配合点头或鞠躬；第三，不管客人有没有消费或消费多少，都要在客人离开时使用告别语；第四，不能乱用，如客人乘飞机离开时，要说"一路平安"，不能说"一路顺风"。

（三）电话语言

电话是沟通信息、交流感情、联系业务的重要工具。因此接打电话时的语言运用就显得很重要。电话语言使用得当，可以增进彼此的了解，节省时间，反之，将招致误会和麻烦。酒店服务人员使用电话是提高工作效率、加强沟通、为客人提供快速优质服务所必不可少的有效途径，为此一定要妥帖使用电话语言。

1.接听电话

（1）基本要求

⊙电话铃响两声内立即接听电话，铃声不应超过三声。左手拿起听筒，迅速报出本部门名称或本人姓名："您好，××大酒店"，"您好，××大酒店，我是×××"，这样既能让对方感到礼貌亲切，又能让其确认是否拨错号码。

⊙必要的话须右手握笔，旁边备纸。（以便做备忘记录）

⊙问清对方姓名、事由。（迅速弄清对方意图）

⊙嘴唇与话筒距离2厘米左右。自然发声，吐字清晰，发音准确。面带微笑，让客人从声音中体会到亲切。（使对方听来声音清晰，亲切自然）

⊙以正确的姓名及头衔称呼对方，不时使用敬语，如"谢谢""对不起""请原谅""是的，×××""好的，×××"。（显示你对对方的礼貌及给对方积极的反馈）

⊙认真倾听对方讲话，听不清楚的地方，应礼貌地询问："对不起，麻烦您再说一遍好吗？"（显示你的耐心和负责精神）

⊙准确完整地记下通话要点。（便于转达和落实有关事项）

⊙简要复述备忘录要点。（确保准确无误）

⊙讲完电话，最好让对方先挂断，然后轻轻放下电话。（确保对方言尽）

（2）特殊情况的处理

⊙两部电话同时响，先接其中一部，向对方致歉，请其稍等一下，然后迅速接听另一部电话。（让对方理解并非有意怠慢他）

⊙需要让对方等一下要说:"对不起,请稍等。"(让对方感到既有礼貌,又不觉受到怠慢)

⊙需要对方等较长时间,明确告知对方需要等候的时间,并建议对方是稍等一会儿,还是过后回电话给他。

"对不起,×××正在……可以请您等×分钟吗?"

"过几分钟后,我打电话给您好吗?"(使对方思想有所准备,根据情况作出是否等候的选择)

⊙客人需要请适当的人处理某事,告诉对方,你会将此事转告适当的人来处理,或让处理该事的人打电话给他。

"这事由×××负责,如果需要的话我帮您转达好吗?"

"这事由×××负责,如果您愿意,我会转告他们,让他们给您回电话。"(让对方感到你乐意帮助他)

⊙需要转电话,请对方稍等片刻,拨号,接通后,告诉对方说"请说话"。如果转不过去,应向对方致歉,并把有关办事机构的电话号码提供给对方。

⊙接听误拨的电话要婉转对待,谦恭有礼地告知对方拨错了电话,不可流露愠怒的声调。

"这里是×××部,请问您要找哪里?"

请对方查一查是否拨错了他想要的那个号码。

"这里是×××部,我们这里没有×××,您确认您拨的号码对吗?"

不可说一句"您拨错了"然后立即挂断。(应像处理一般电话一样有礼貌,每次接打电话的机会都是建立酒店公关形象的机会)

⊙要找的人正在接打另一部电话,告知对方要找的人正在接电话,问对方是否要等下去,还是等一下再打过来或是留言。(不失礼貌地让对方了解情况并提供可供选择的方案,请对方决断,让人感到服务周到)

⊙客人要找的人如果不在,跟客人要讲清他目前不在这里,请客人留下电话号码及姓名,你会马上帮客人联系到他,通知他给客人回电话。

2. 拨打电话

(1)基本要求

⊙先做好充分准备。(纸、笔,谈话的要点,避免浪费大家时间)

⊙左手拿听筒,右手拨号,拨号后稍等片刻。(判断电话的进展信号)

⊙电话接通后,简单问候对方,立即报出本部名称和自己姓名:"您好,我是××大酒店×××。"(让对方马上知道电话来源,便于双方顺利通话)

⊙简洁清楚地讲出事情原委,重要的地方要重复一下。(确保对方完全弄清你的意图)

⊙打完电话后，说声"再见"，让对方先挂断电话，然后轻轻放下话筒。（让对方有充裕的时间答话）

（2）特殊情况的处理

⊙如果要找的人不在，需要留言时，要告诉接电话的人自己的姓名、关系、电话号码等。（使对方能准确无误地转达）

⊙如发现拨通的电话不是你想要的电码，马上查问号码，询问时态度不可粗暴："对不起，请问您的电话号码是×××吗？"

发觉明显不符，须表示抱歉："对不起，打扰您了。"

不可这样问："你的号码是什么？"或"你是谁？"（让对方感到粗暴无礼，自己将得不到有效帮助）

⊙不指定找某人，最好以请求的方式巧妙地说出自己的愿望。如："我希望了解有关×××的情况。""请帮我为×××预订……"

（四）语言禁忌

语言的声音部分是语言的"物质外壳"，语言主要需借助于声音才能体现它的交际功能。人们在说话时除了要准确、清晰外，还要注意运用恰当的语调和语气。说话是口耳相传的事情，假如说话者有正确的意思，但滥用了语调、语气，同样不能达到良好的交际效果。

接打电话应
保持微笑

悦耳的声音能让你创造一个和谐轻松的环境，更能令你成功地引导顾客。

自测：

1. 你的声音是否听起来清晰、稳重而又充满自信？

2. 你的声音是否充满活力与热情？

3. 你说话时是否使语调保持适度变化？

4. 你的声音是否坦率而明确？

5. 你能避免说话时屈尊俯就、低三下四或是咄咄逼人、拒人千里吗？

6. 你发出的声音能让人听起来不感到单调乏味吗？

7. 你能让他人从你说话的方式中感受到轻松自在和愉快吗？

8. 当你情不自禁地讲话时，能否压低自己的嗓门？

9. 你说话时能否避免使用"哼""啊""然后然后"等词？

10. 你是否十分注重自己的声音悦耳动听？

1. 语调的禁忌

语调,指说话时语音高低、升降、轻重的变化。它本是说话者思想感情的自然流露,一般说来,有什么样的思想感情,说话时就会带上什么样的语调。反之,从一个人说话的语调也可以了解到他的思想情绪。作为服务员,必须注意戒除下列语调。

(1)烦躁的语调。客人说客房里没有开水,服务员回答"没有啦","没有就没有啦",语调高扬,用词反复,这显然流露出厌烦的思想感情。

因私事心情不好或工作一时忙不过来,产生急躁情绪,很容易导致人说话有烦躁的语调,这是要时刻注意的问题。

(2)嘲讽的语调。嘲笑他人,这是对人极不尊重的表现,往往产生不良的后果。客人向服务员提了点意见,但服务员说"你有意见你来做吧""谁叫你不认识我"这些嘲讽的话,就很容易引发矛盾并使双方顶撞起来。如有员工工作成绩比较突出,人际关系也好,于是就有员工嘲讽这位员工是"马屁精"。

(3)傲慢的语调。有个别服务员对自己缺乏正确的估计,总以为自己比别人高明,于是在服务交往中常常表现得盛气凌人,说话的语调带上一种傲慢。比如下面一类话:

"你有什么资格跟我说话!"

"我为人民服务,又不是为你服务!"

"我喜欢怎样做就怎样做!"

"有意见,找主管去!"

这样咄咄逼人的气势,就没有礼貌待客可言。

此外,还有粗声粗气、油腔油调等语调,在服务交际中也在禁忌之列。

2. 语气的禁忌

语气,指说话的口气。语气和语调是不可分的。在酒店服务中,下列说话的语气是要不得的。

(1)反问语气。反问,作为一种修辞手段,用在文章中可以起到更强调意思、感情更强烈、加强语言鼓动力量的作用。但这种语气,如果在服务中滥用,其效果就很不好。例如:

客人:"有饭吃吗?"

服务员:"这是饭店,怎么可能没有饭吃?"

客人:"你们的方便面好吗?"

服务员:"有什么不好?"

管人:"房间有冷气吗?"

服务员："怎么没有冷气？"

一味运用反问语气，使人感到一种骄横、粗野的味道，从而产生不快的情绪。

（2）命令语气。请求别人做一件事，不能用命令语气。发号施令，这只会把事情弄糟，一定要用礼貌的语气。

> 一位客房服务员如果用命令语气对客人说："喂！不准开那扇窗！""你不能走进我们的工作间！"这样说话肯定使客人反感。如果是一个懂礼貌的人，上面的话就会换成商量的语气加以表达。"先生，那扇窗坏了，一时未能修理好，请您不要打开它，好吗？""我们工作正忙，您来工作间，弄脏您的衣服就不好了。"这样彬彬有礼的语气，客人会乐意接受。

反问及命令语气在服务语言艺术中应在禁忌之列，这也是优质服务的要求。

3. 语言的禁忌

（1）不尊重的语言。与老年服务对象讲话时，绝对不宜说什么"老家伙""老东西""老废物""老没用"；跟患病客人交谈时，尽量不要提"病鬼""病号""病秧子"一类的话语；面对残疾客人时，切忌使用"残废"一词，一些不尊重残疾人的提法，诸如"傻子""呆子""侏儒""瞎子""聋子""麻子""瘸子""拐子"之类，更是不宜使用；接触身材不甚理想的客人时，尤其对自己最不满意的地方，例如体胖之人的"肥"，个矮之人的"矮"，都不应当直言不讳。

（2）不友好的语言。在任何情况之下，都绝对不允许服务人员对服务对象采用不友善甚至满怀敌意的语言。如客人要求服务人员为其提供服务时，服务人员以鄙视前者的语气询问："你买得起吗？""这是你这号人用的东西吗？"，等等。

（3）不耐烦的语言。服务人员在工作岗位上要做好本职工作，提高自己的服务质量，就要在接待服务对象时表现出应有的热情与足够的耐心。不论自己的初衷是什么，不允许给对方答以"我也不知道""从未听说过"等不耐烦之语。

（4）不客气的语言。服务人员在工作之中，有不少客气话是一定要说的，而不客气的话则坚决不能说。例如，在需要服务对象交零钱或没有零钱可找时，直截了当地要对方"拿零钱来"，或告知对方"没有零钱找"。又如，客人不愿意以电子方式付账，而用现金时，不可以使用"你好像生活在上个世纪"这样的语言。这些说法都极不适当。

（5）服务人员的"七不问"：

⊙不问年龄。不要当面询问客人的年龄，尤其是女性，也不要绕着弯想从别处打听其年龄。

⊙不问婚姻。婚姻纯属个人隐私,向别人打听这方面的信息是不礼貌的。若是向异性打听,更不恰当。

⊙不问收入。收入在某种程度上与个人能力和地位有关,是一个人的脸面。与收入有关的住宅、财产等也不宜谈论。

⊙不问地址。一般不要问客人的住址。

⊙不问经历。个人经历是一个人的底牌,甚至会有隐私,所以不要问客人的经历。

⊙不问信仰。宗教信仰和政治见解是非常严肃的事,不能信口开河。

⊙不问身体。对有体重问题的人,不要问他的体重,不能随便说他比别人胖。不能问别人是否做过整容手术,是否戴假发或假牙等。

三、服务语言艺术的培养途径

(1)克服恐惧的心理,不断培养自己的自信心,正确认识自己的语言表达能力。

(2)打造完美的声音,控制说话的音量,培养受人欢迎的语调和恰如其分的节奏,把握说话的语速,调整好说话的语气,字正腔圆,音色甜美。

客人的态度
永远是对的

(3)借用肢体语言说话,让你的眼睛会说话,运用手势,摆正体姿,保持微笑,穿着得体。

(4)丰富的语言来自灿烂的内心,要博览群书,拓展知识面。

(5)掌握文明语言的运用技巧,并在服务实际中灵活加以运用。

在酒店服务工作中,服务人员对客人的热情欢迎、礼貌接待、主动服务、周到照顾等许多方面都要通过语言来表达。作为服务人员,要讲究语言艺术,掌握文明语言运用技巧,语言要力求准确、恰当,说话要语义完整、合乎语法,要依据场合多用敬语,要注意语言、表情和行为的一致性。

能力训练

项目一:酒店"十字"礼貌用语、迎候语言

1.重点练习:

(1)十字礼貌用语:"您好""谢谢""请""对不起""再见"。

(2)"欢迎您的到来""欢迎光临""本店欢迎您""见到您很高兴""张总,欢迎您的

光临""赵女士您好！我们又见面了""欢迎您再次光临本店""您好""早上好""晚上好"等常用迎候语的运用技巧。

（3）注视礼、致意礼、微笑礼、鞠躬礼、握手礼等的恰当使用。

2.场景设计：

（1）两人一组，一位是来酒店的客人，一位是酒店的服务人员。

（2）每组自行设计三种以上场景。

（3）两人互换角色进行练习。

（4）互相点评，指出优点与不足。

（5）请出表现优秀的一组为大家做示范表演。

项目二：交流语言

1.重点练习：

（1）征询语、应答语、指示语、推托语、致谢语、提醒道歉语、推销语、告别语在服务中的运用技巧。例如："对不起，请问……""请稍候""让您久等了""麻烦您，请您……""不好意思，打扰一下……""谢谢""非常感谢""没关系""不客气""再见""欢迎下次再来"等。

（2）表情、仪态、举止等与语言的协调一致。

2.场景设计：

（1）10人一组，1人为服务员，9人为客人，是三个家庭的聚会，三位先生及其夫人和三个10岁左右大的孩子。

（2）服务员为他们提供引领、点菜、上菜、餐间等一条龙服务。

（3）提供服务时必须使用到征询语、应答语、指示语、推托语、致谢语、提醒道歉语、推销语、告别语。

（4）具体情境由每组成员合作设计，注意用语使用的规范和艺术。

（5）每组选出一位为组长，并兼任评委（对自己组不打分），评分为小组成员共同商议的结果。

（6）每组分别为大家展示，评选出优胜组，并请每组派一名代表对优胜组进行点评。

项目三：电话语言

1.重点练习：接打电话的语言、语气、语调的运用。

电话礼仪练习

2.练习步骤：

(1)接电话的步骤：

顺　序	基本用语示例	要　求	注意事项
拿起听筒,并告知对方自己的身份	"您好" "早上/中午/晚上好" "××酒店××部门"(外线) "××部门×××"(内线) 电话响三声以上："您好,让您久等了"	1.在话机旁准备好记录用的笔纸 2.电话铃响三声之内接起 3.避免使用"喂"应答	1.使用礼貌用语 2.注意谈话过程中语音、语气、语调要保持亲切 3.面部保持微笑 4.认真做好记录,特别注意时间、地点、数字等重要信息 5.避免使用对方不能理解的专业术语或简略语 6.对打错电话者要礼貌回答,并让对方重新确认电话号码 7.不可使用电话免提功能
确认对方身份	"×先生,您好" "谢谢您的关照"	1.礼貌地确认对方身份 2.如是客户,要表达感谢之意	
听取对方来电用意	"是" "好的" "清楚" "明白"	1.可进行记录 2.交流时不要离题	
进行确认	"请您再重复一遍" "请稍等"	1.确认时间、地点、对象和事由 2.如是传话,必须记录下电话、时间和留言人	
结束语	"请放心……" "明白了" "谢谢" "再见"		
放回听筒		等对方放下电话后再轻轻放回电话听筒	

（2）打电话的步骤：

顺 序	基本用语示例	要 求	注意事项
准备		1. 确认拨打对象的姓名、电话号码 2. 准备好要讲的内容、资料文件及表达顺序等 3. 明确通话所要达到的目的	1. 使用礼貌用语 2. 注意谈话过程中语音、语气、语调要保持亲切 3. 面部保持微笑 4. 要考虑打电话的时间，一般在工作时间内较好，注意与国外的时差 5. 语言简洁明了，通话时间不宜太长 6. 保持通话区域的安静 7. 不可使用电话免提功能 8. 如在通话过程中发生掉线、中断等现象，应由拨打方重新拨打电话
拨打——问候、告知自己身份	"您好" "××酒店××部门××"	1. 一般要报出自己的姓名 2. 使用礼貌用语	
确认电话对象	"请问××部的×××先生在吗" "麻烦您，我要找×××先生" 确认后讲："您好，我是××酒店××部××"	1. 必须确认接电话者身份 2. 与要找的人接通电话后，应重新问候	
讲述电话内容	"今天打电话是想确认一下关于××事……"	1. 简述事由内容 2. 如事情比较复杂还请对方记录，特别是对时间、地点、数字等信息进行准确传达。小结内容要点	
结束语	"谢谢" "麻烦您了" "那就拜托了"	语气诚恳、态度和蔼	
放回听筒		等对方放下电话后再轻轻将听筒放回电话机上	

3. 场景设计：

（1）两人一组，面对面训练接打电话。

（2）接打电话内容为客房预订、餐饮预订、电话投诉、电话叫醒等，具体细节自行设计。

（3）任意请出一组同学为大家表演，并请大家点评。

知识拓展

酒店服务过程中的语言应用是保障顾客满意度的重要环节,在服务过程中还需要诚恳的态度和得体的语言。

诚恳的态度

接待顾客时,给顾客的第一印象是非常重要的。给顾客留下何种印象起决定性作用的是"态度",态度主要是通过内心情绪和外在动作表现出来的。诚恳的态度包括:

1.真诚地欢迎顾客。良好的姿态及亲切的笑容不仅能表现出优雅的气质,还能给顾客以舒适感和依赖感。

2.用明朗、阳光的心情感染顾客。作为一名服务人员,最重要的是给顾客提供满意的服务,即使有不高兴的事,也应忍耐,应将明朗、阳光、快乐带给周围的人。这样,在某种程度上也会减轻服务人员自己的不快。

3.给顾客亲切的眼神。俗话说"眼睛是心灵的窗户","眼睛会说话"。要以正确的目光注视顾客,在交流中体现亲切感。

4.学会体谅、包容顾客。无论何时,在不违反原则的基础上都应站在顾客的立场来考虑问题。

5.善于控制自己的情绪和言行。工作时不要因为心情不好等原因而怠慢顾客,应当学会控制自己的情感,以一种平和的心态与顾客接触。应将正面对着顾客,切不可将后背朝向顾客,只有这样才能迅速、准确地把握顾客的反应,顾客也能看清你的表情。

得体的语言

语言是人与人之间交往的第一步,特别是酒店服务人员在对客服务时,得体的语言是人与人之间建立良好关系的开端。

1.语言交流要切合服务情境。要做到从言谈举止中迅速把握顾客的心情,还要听出顾客的话外之音及愿望。不看对象、场合,千篇一律的应答也是失礼的表现,服务人员要善于察言观色,判断顾客心理和服务需要,在一定的原则上,尽量站在顾客的立场上说话办事。要将不同国家、地区、文化层次、职业、年龄、地位、风俗的顾客分别对待,这样才能成为一名称职的酒店服务人员。要掌握多种语言表达方式,善于使用礼貌用语和无声语言。

2.用委婉的语气表达否定意思。在拒绝顾客时,使用否定句的影响是很强烈的,会给顾客留下不愉快的印象。切记不要直接向顾客说"不",要使用委婉的语句。

3.尽量避免使用外来语、专业术语或网络语言。无论话是讲给谁听的,都要易懂。行业不同,会有不同的专业术语。语言要简练、通俗、亲切、友好,要多说让顾客听着舒心的话。

4.语言与手势动作应协调一致。在兴致高涨时,人们说话时便会不由自主地伴之以手势动作,这样有助于更好地表达内心的感受,展现内心的情绪。应该注意的是,如果没有热情,即使说得天花乱坠,也会被认为是冷淡的、事务性的,从而成为所谓的"殷勤而无礼"。

敬语、谦语和雅语

在服务中,应常使用敬语、谦语和雅语。

敬 语

敬语亦称"敬辞",它与"谦语"相对,是表示尊敬礼貌一类的词语。除了礼貌上的必需之外,能多使用敬语,还可体现一个人的文化修养。

敬语的运用场合

第一,比较正规的社交场合。

第二,与师长或身份、地位较高的人的交谈。

第三,与人初次打交道或会见不太熟悉的人。

第四,会议、谈判等公务场合等。

常用敬语

我们日常使用的"请"字,第二人称中的"您"字,代词"阁下""尊夫人""贵方"等,另外还有一些常用的词语用法,如初次见面称"久仰",很久不见称"久违",请人批评称"请教",请人原谅称"包涵",麻烦别人称"打扰",托人办事称"拜托",赞人见解称"高见",等等。

拜托:请对方帮忙;　　　　　　　惠顾:商家称顾客到来

拜读:读对方作品;　　　　　　　惠存:多用于送对方相片、书籍等纪念品;

奉还:对方的物品归还;　　　　　呈报:指用公文向上级报告;

奉送:赠送对方礼物;　　　　　　呈请:指用公文向上级请示;

高就:询问对方在哪儿工作;　　　光临:称对方到来;

高寿:指老人家年龄;　　　　　　光顾:商家多用以欢迎顾客;

高见:指对方的见解;　　　　　　恭候:用于等待对方;

贵姓:询问对方的姓氏;　　　　　璧还:用于归还对方物品;

……

谦 语

谦语亦称"谦辞",它与"敬语"相对,是向人表示谦恭和自谦的一类词语。谦语最常用的用法是在别人面前谦称自己和自己的亲属。例如,称自己为"愚"、称家人为"家严、家慈、家兄、家嫂"等。

自谦和敬人,是一个不可分割的统一体。尽管日常生活中谦语使用不多,但其精神无处不在。只要你在日常用语中表现出你的谦虚和恳切,人们自然会尊重你。

常用谦语

家父家慈:称自己的父母亲;　　　　敢请:用于请求对方做某事;

鄙人:谦称自己;　　　　　　　　　见谅:表示请人谅解;

鄙见:自己的见解;　　　　　　　　久仰:仰慕已久,初次见面时说;

愚见:自己的见解;　　　　　　　　久违:好久没见;

敢问:用于向对方询问问题;　　　　过奖:用于自己受到表扬或夸奖;

……

雅　语

雅语是指一些比较文雅的词语或者文雅的说法。雅语常常在一些正规的场合以及一些有长辈和女性在场的情况下,被用来替代那些比较随便,甚至粗俗的话语。多使用雅语,能体现出一个人的文化素养以及尊重他人的个人素质。

如果你正在招待客人,在端茶时,应该说"请用茶"。如果还用点心招待,可以说"请用一些茶点"。假如你先于别人结束用餐,你应该向其他人打招呼说:"请大家慢用。"雅语的使用不是机械的、固定的,只要你的言谈举止彬彬有礼,人们就会对你的个人修养留下较深的印象。

常用雅语

包涵:请人原谅;　　　　　　　　　留步:请人勿送;

劳驾:求人帮忙;　　　　　　　　　失迎:未及迎接;

请教:向人提问;　　　　　　　　　笑纳:请人接受;

失陪:无暇陪同;　　　　　　　　　保重:祝人健康;

斟酌:需要考虑;　　　　　　　　　更衣:婉辞,上厕所;

借光:客套话,用于请别人给自己方便或向人询问;

……

酒店服务礼貌用语中英文应用举例

一、前厅服务礼貌用语

序号	英　文	中　文
1	Good morning/afternoon/evening,Sir/Madam.	早上/中午/晚上好,先生/小姐。
2	How do you do?	您好。

续表

序 号	英 文	中 文
3	Welcome to our hotel.	欢迎光临。
4	Reception，can I help you？	这里是接待处，可以为您效劳吗？
5	What kind of room would you like，sir？	先生，您喜欢什么样的房间？
6	Have you a reservation？	您预订过了吗？
7	Could I have your name please？	先生，请问您尊姓大名？
8	Excuse me，sir，could you spell your name？	对不起，先生，请问您的名字怎么拼写？
9	Just a moment，please.	请稍等一下。
10	Here is your room key.	给您房间钥匙。
11	Wish you a most pleasant stay in our hotel. I hope you will enjoy your stay with us. Hope you are enjoying your stay with us. I hope you have enjoyed your stay with us.	愿您在我们宾馆过得愉快。 希望您在我们宾馆过得愉快。（客人刚入店时） 希望您在我们宾馆过得愉快。（客人在饭店逗留期间） 希望您在我们宾馆过得愉快。（客人离店时）
12	Have a good time！	祝您过得愉快！
13	Are these your baggage？	这些是您的行李吗？
14	May I take them for you？	我来帮您拿好吗？
15	You are welcome.	不用谢。
16	After you，please.	您先请。
17	It's my pleasure.	非常高兴为您服务。
18	×××hotel，front desk. Can I help you？	×××饭店，前台。您找哪一位？
19	Pardon？ I beg your pardon？	对不起，请再说一遍，好吗？ 对不起，请再说一遍，好吗？
20	May I know your name and room number？	您能告诉我您的名字与房间号吗？
21	I'm sorry about this.	我对此表示抱歉。
22	Thank you for your advice/information/help.	谢谢您的忠告/信息/帮助。

序 号	英 文	中 文
23	Please pay at the cashier's desk over there.	请去那边账台付款。
24	Gooddbye and hope to see you again.	再见,希望再见到您。
25	Wish you a pleasant journey! Good luck!	祝您旅途愉快! 祝您好运!
26	Thank you for staying in our hotel.	感谢您在我们酒店下榻。
27	Sorry to keep you waiting.	对不起,让您久等了。
28	I'll be glad to help you to do anything you want.	我很愿意帮助办理您需要办的事。
29	I'm sorry,it's my fault.	很抱歉,那是我的过错。
30	I apologize for this.	我为此道歉。
31	That's all right.	没关系。
32	Let's forget it.	忘了它吧。
33	Would you like a morning call?	您要叫醒服务吗?
34	At what time would you like us to call you tomorrow morning?	您想让我们明天早上什么时候叫醒您?
35	No problem,sir.	没问题,先生。
36	We'll manage it,but we don't have any spare room today.	我们会尽力办到,但是今天我们没有空余房间。
37	Could you wait till tomorrow?	等到明天好吗?
38	And if there is anything more you need,please let us know.	如果您还需要别的东西,请告诉我们。
39	Just a minute,please. I'll see if he is registered.	请稍等片刻,我看看他是否登记了。
40	They are in suite 705. Let me phone him. Yes,we do have a reservation for you.	他们住在 705 号套房,我来给他打电话。对了,我们这儿是有您预订的房间。
41	Would you please fill out this form while I prepare your key card for you?	请您把这份表填好,我同时给您准备门卡,好吗?
42	What should I fill in under ROOM NUMBER?	"房间号码"这一栏我该怎么填呢?
43	I'll put in the room number for you later on.	过会儿我来给您填上房间号码。

续表

序 号	英 文	中 文
44	You forgot to put in the date of your departure.	您忘了填写离店日期了。
45	And here is your key, Mr. Bradley. Your room number is 1420.	给您房间的钥匙，布拉德利先生。您的房间号码是 1420。
46	I'll take a look at the hotel's booking situation.	我来查看一下本店房间的预订情况。
47	I'm glad that we'll be able to accept your extension request.	很高兴我们有办法接受您延长住宿的要求。
48	But I'm afraid that it will be necessary for us to ask you to change rooms for the last two nights.	不过,恐怕最后两天我们得请您搬到别的房间去。
49	This is a receipt for paying in advance. Please keep it.	这是预付款收据,请收好。
50	Sorry, we have no vacant (spare) room for you. But I can recommend you to the Orient Hotel where you may get a spare room.	对不起,我们已经客满了。但是我可以介绍您去东方饭店,那里有空余的房间。
51	The Reception Desk is straight ahead.	接待处就在前面。

二、客房服务礼貌用语

序 号	英 文	中 文
1	May I help you with your luggage?	您的行李请让我来拿吧？
2	I am at your service.	乐意为您效劳。
3	This way, please.	请这边走。
4	This is your room. Please go in.	这是您的房间,请进。
5	Have a good rest. Goodbye.	请好好休息,再见。
6	Housekeeping. May I come in?	我是客房服务员,可以进来吗？
7	Sorry to have kept you waiting.	很抱歉让您久等了。
8	I'm glad to serve you.	非常高兴为您服务。
9	Can you tell me your room number?	您能告诉我您的房间号码吗？

序号	英文	中文
10	I'm sorry to disturb you, sir.	对不起,先生,打扰您了。
11	Is there anything I can do for you?	您还有什么事要我做吗?
12	What can I do for you?	我能为你做些什么?
13	I hope I'm not disturbing you.	我希望没有打扰到您。
14	All right, sir. We will do that then.	好的,先生。到时我们会这样做的。
15	May I know you name and room number?	您能告诉我您的名字和房间号码吗?
16	May I see your room card?	能看一下您的房卡吗?
17	I'll be with you as soon as possible.	我将尽快来为您服务。
18	Please follow me, sir.	先生,请跟我来。
19	When would you like me to do your room, sir?	您要我什么时间来给您打扫房间呢,先生?
20	May I do the turn-down service for you now?	现在可以为您开夜床服务(收拾房间)了吗?
21	It's growing dark. Would you like me to draw the curtains for you?	天黑下来了,要不要我拉上窗帘?
22	We will come and clean room immediately.	我们马上就来打扫您的房间。
23	Turn down service, may I come in?	夜床服务,我可以进来吗?
24	I'm sorry to trouble you, sir. May I clean the room now?	先生,对不起,麻烦您了。现在我可以打扫房间吗?
25	When would it be convenient?	什么时候比较方便(打扫您的房间)?
26	I'll come later.	我等会儿再来。
27	Do you have anything to be cleaned?	您有衣服要洗吗?
28	Would you please fill in the Laundry List?	请您填一下送洗衣服的清单,好吗?
29	Please sign on the Laundry List, sir.	请您在送洗衣服清单上签字,先生。
30	One moment, madam. I'll bring them to you right away.	等一会儿,夫人。我马上送来。

续表

序　号	英　文	中　文
31	Just a moment, please, miss. I'll go and get it right away.	小姐，请稍等，我马上去给您拿来。
32	I'll inform the Maintenance Department right now.	我马上通知维修部。
33	How do you like this room?	您觉得这个房间怎么样？
34	Sorry, he's not staying in our hotel.	对不起，他不住在我们酒店。
35	Mr. ×× , we're sorry to hear that you are not well.	××先生，听说您不舒服我们感到很不安。
36	Are you feeling better now?	您现在好些了吗？
37	Shall we send for a doctor?	需不需要请医生看看？
38	Shall I accompany you?	我陪您去好吗？
39	Hope you'll be all right soon.	希望您早日康复。
40	Welcome to come here again. Goodbye.	欢迎您下次再来，再见。

三、餐饮服务礼貌用语

序　号	英　文	中　文
1	Good morning. Restaurant. May I help you?	早上好！餐厅。能为您做些什么？
2	May I have your name, sir?	请问您的姓名？
3	No problem. We'll arrange it for you. Thank you for calling us.	没问题，我们会为您安排的。谢谢您打电话来。
4	I'm sorry, sir. There aren't any tables left for 8：00, but we can book one for you at 9：00.	对不起，先生。8点钟的已订满了，但是可以给您订9点钟的。
5	I'm terribly sorry, sir.	非常抱歉，先生。
6	I'll call you when there is a free table for tomorrow evening at 8：00.	如果明晚8点钟有空位我会给您打电话的。
7	Glad to meet you.	见到您很高兴。
8	You are welcome to dine in our restaurant.	欢迎您到我们餐厅来。

序　号	英　文	中　文
9	We are rather busy at the moment. I'm afraid you will have to wait for a while. I'm sorry, that table is already reserved. Please wait a minute, I'll arrange it for you.	现在客人已经满了,恐怕您要等一会儿了。 很抱歉,这张桌子已被预订了。 请等一等,我马上给您安排。
10	Will this table be all right?	这张桌子可以吗?
11	Sit down, please. Here is the menu.	请坐,给您菜单。
12	May I take your order, sir?	先生,您要点菜吗?
13	Would you like to have any wine with you dinner?	您用餐时要喝点酒吗?
14	Would you like to try today's special?	您想要尝尝今天的特色菜吗?
15	Would you like some dessert?	您喜欢吃点甜品吗?
16	What else would you like?	请问还需要什么?
17	I'm very sorry, that dish in not available now.	真对不起,这个菜品刚卖完。
18	Sorry, it takes some time for this dish. Could you wait a little bit longer?	对不起,这个菜需要一定时间,您能多等一会儿吗?
19	Can I arrange a snack for you if time is pressing for you?	如果您赶时间的话,我给您安排一些快餐饭菜好吗?
20	Would you mind serving now?	现在上菜好吗?
21	Enjoy you dinner, sir.	请享用您的晚餐,先生。
22	Did you ask for me, sir?	您叫我吗,先生?
23	I do apologize for giving you the wrong dish. I'll change it immediately for you.	真的很抱歉我上错菜了,我马上给您换。
24	I assure you it won't happen again.	我保证再也不会发生这样的事了。
25	Would you like to have some fruit?	您想要吃点水果吗?
26	Did you enjoy your meal?	您吃得满意吗?
27	What would you like to have, coffee or tea?	您要喝咖啡还是茶?
28	May I take away this dish?	我可以撤掉这个盘子吗?
29	May I clear this table?	我可以清理桌子吗?

续表

序　号	英　文	中　文
30	May I make out the bill for you now?	现在可以为您结账吗？
31	Please sign it.	请您签字。
32	Could you show me your room key, please?	您能出示下您的房间钥匙吗？
33	Sign your name and room number on the bill, please.	请您在账单上签上您的名字和房间号码
34	This is your change.	这是找给您的钱。
35	I hope you enjoyed your dinner.	希望您吃得满意。
36	Please don't leave anything behind.	请别遗忘您的东西。
37	Not at all. /Don't mention it.	不用谢。
38	Mind/Watch your step. Have a nice trip!	当心脚下。 一路平安！
39	Goodbye and thank you for coming.	再见，谢谢您的光临。
40	Thank you, welcome to come back again.	谢谢，欢迎再来。

四、康乐服务礼貌用语

序　号	英　文	中　文
1	There is a recreation center on the ground floor.	在一楼有个娱乐中心。
2	You can play billiards, table tennis, bridge, and go bowling.	您可以去打打台球、乒乓球、桥牌和保龄球。
3	There is a music teahouse where you can enjoy both classical music such as Beethoven, Mozart, Liszt, and modern music, while having some Chinese tea or other soft drinks.	有个音乐茶座，您可以在那里一边欣赏古典音乐，如贝多芬、莫扎特、李斯特的乐曲和现代音乐，一边品尝中国茶或其他软饮料。
4	Please consult the song list.	请翻阅点歌单。
5	The service guide is on the desk.	服务指南在桌面上。
6	The swimming pool is over there.	游泳池在那边。
7	You look great.	你看上去真棒。

服务忌语

1. 嘿!	22. 老兵。
2. 老头。	23. 土老冒儿。
3. 你吃饱了撑的呀!	24. 靠边点儿。
4. 老黑。	25. 不能放在这儿。
5. 谁让你不看着点儿。	26. 找我们主管去吧。
6. 没有了。	27. 有意见啊,找经理去啊。
7. 你问我,我问谁啊?	28. 到点了,你快点儿。
8. 听见没有,长着耳朵干吗呢。	29. 我忙不过来。
9. 我也没办法。	30. 你长着四个眼睛,看不见啊。(对戴眼镜的客人)
10. 没有了。	31. 你想干什么?
11. 我就是这样的态度!	32. 你问我,我问谁?
12. 有能耐你去告吧。	33. 你管不着!
13. 还有完没完?	34. 没开始呢,等会儿再说。
14. 这是××部门的事。	35. 干什么呢? 快点。
15. 这跟我无关。	36. 你听明白了吗?
16. 到底住不住,后面还有人等着呢。	37. 现在才说,早干吗来着?
17. 到底点不点,想好了吗?	38. 别啰唆,快点讲。
18. 喊什么,等会儿。	39. 越忙越添乱,真烦人。
19. 没看我正忙着吗? 着什么急。	40. 我有什么办法,又不是我让它坏的。
20. 我解决不了,愿意找谁就找谁去!	41. 别装糊涂。
21. 我不知道。	42. 刚才不是跟你说过了吗? 怎么还问?
......	

思考与练习

1.以下列举了一些酒店服务语言中的禁语,请你写出与之相对应的恰当表述,并比较它们之间的差异,再谈谈你对酒店服务语言艺术的认识。

(1)你等一会儿。

(2)你预订房间了吗?

(3)没有找到你的预订。

(4)是不是您记错了。

(5)房间都住满了,您到其他酒店看看吧!

(6)对不起,我没这个权利。

(7)对不起,这不是我的职责范围。

(8)现在都这个价,是最低的了。

(9)主管不在,有事您说吧。

(10)我们不提供这项服务,您找××部吧!

(11)能看到公园的房间没有了,您将就迁就一下住一下吧。

(12)无烟房、有烟房没多大区别。

(13)对不起,我不知道。

(14)就剩下这种房型了,你看着办吧!

(15)我们下过通知,您应当知道?

(16)行李员都很忙,你先等一会儿吧!

(17)房间还没打扫好,你再等 20 分钟吧。

(18)必须每个人都登记。

(19)说慢点,我没听清。

(20)你到底找谁?

(21)你姓什么?

(22)大点声。

(23)好了,好了,知道了,再见。

(24)我们不可能什么事都知道?

(25)刚查完,怎么又查?

(26)对不起,不能帮您拨。

(27)我们也没办法了,要不就这样吧。

(28)行了,就这样吧!

（29）你电话不好。

（30）稍等。

（31）按酒店规定,这是不能转的。

（32）电话占线,待一会儿再拨好吧!

（33）喂,你好!

（34）喂,你找谁?

（35）这是最低价了,我真的没办法了。

（36）填完了? /好了吧?

（37）他们早就订了,你订晚了。

（38）账单上就是×××钱,您再看一下。

（39）可是这儿登记您消费了。

（40）对不起,不是谁都可以挂账的。

（41）不行,这样的卡不能用。

（42）对不起,不是协议客户不打折。

（43）等一下再帮你查。

（44）好像没放这儿呀!

（45）请等一下好吗? 都挺急的。

（46）谁说的? 不可能吧。

（47）不是不给您订,真的没房了。

（48）哎,这就来。

（49）行行,马上就好。

（50）放那儿就行了。

（51）什么东西? 不知道让不让存。

（52）要不,您过一会儿再来。

2.课程综合应用。

项目名称:仪表仪态语言的综合应用。

训练目标:复习本学期学习过的礼仪规范并能灵活应用。

六人以下两人以上组成小组,以自己熟悉的生活与事件作为素材编写小品或舞台剧进行演绎,8分钟内完成(也可作为第一学期末的考核项目)。

要求:

（1）上交小组合作编写的小品剧本。

（2）合作演出。

（3）教师评分并小结。

说明：此项目不能选择一个人完成，学会合作本身也是礼仪的要求。

模块四
礼仪习题

模块五课前准备

1.国家或民族礼仪知识竞赛。

由课代表组织每一位同学从以下选取其中一个国家、地区或少数民族或宗教进行礼仪特征的 PPT 制作或出知识竞赛题，并在课上展示或竞赛，要求 PPT 表述时间控制在 4 分钟内。

法国、德国、英国、俄罗斯、埃及、美国、加拿大、澳大利亚、日本、韩国、新加坡、马来西亚、泰国（可与佛教合并），以及中国港澳台地区。（备选：意大利、西班牙、瑞士、沙特阿拉伯、南非、巴西、印度、印度尼西亚、越南、以色列、希腊、葡萄牙、阿根廷）

基督教、伊斯兰教、佛教。

壮族、回族、维吾尔族、蒙古族、藏族、彝族。（备选：锡伯族、苗族、傣族、畲族、满族、纳西族、白族、侗族、黎族、高山族、汉族）

训练目标：

(1)资料甄选能力。

(2)PPT 制作能力及画面美感。

课前准备评分表

(3)表达能力。

(4)陈述时在台上的个人形象展示。

(5)竞赛要求设计好评分表。

（安排同学拍录像并回放展示）

2.熟悉涉外会议中的礼节规范，并结合第六模块的会议服务进行综合应用。

3.熟悉涉外宴请仪式中的礼节规范，并结合第八模块中的宴会服务进行综合应用。

模块五　国际交往接待礼仪常识

 学习目标

知识目标——认识国际交往接待礼仪的重要性,了解国际交往接待礼仪的基本常识。

能力目标——能初步应用国际交往接待礼仪规范。

课前测试:

1. 你理解的隐私包括哪些方面?
2. 出国旅游,应当注意哪些与中国不太一样的公共礼仪?
3. 涉外宴请仪式中有哪些礼节规范?
4. 涉外会议中的哪些礼节与非涉外会议不同?

 案例导入

一次特殊的礼宾次序安排

1995 年 2 月在丹麦哥本哈根召开联合国社会发展世界首脑会议,出席会议的有近百位国家元首和政府首脑。3 月 11 日,与会的各国元首与政府首脑合影。按照常规,应该按礼宾次序名单安排好每位元首、政府首脑的位置。首先,这个名单怎么排,究竟根据什么原则排列?哪位元首、政府首脑排在最前?哪位元首、政府首脑排在最后?这项工作实际上很难安排。于是,丹麦和联合国的礼宾官员只好把丹麦首脑(东道国主人)、联合国秘书长、法国总统以及中国、德国总理等安排在第一排,而其他国家领导人,就任其自便了。这是为什么呢?

资料来源:马保奉:《外交礼仪漫谈》,中国铁道出版社,1996 年版。

案例分析:礼宾次序体现东道主对各国宾客所给予的礼遇,在一些国际性集会上则表现各国主权平等的地位。礼宾次序的安排若不符合国际惯例或安排不当,则会造成不必要的争执与交涉，严重的还会影响国家间的关系。在安排礼宾次序时，既要做到大体上平等，又要综合考虑到客人的身份、职务、威望、资历、年龄及国家间的关系。当然，也可以交叉使用几种方法灵活排列。上述案例就是由于时间紧迫，灵活安排，只能照顾到主要人员的典型案例。

知识储备

星级旅游涉外酒店及其员工很多时候都需要配合有关企业或部门承担国际交往方面的接待任务，因此，作为一名酒店员工，有必要了解一些国际交往接待礼仪的常识，如迎送、礼宾次序、国旗悬挂、西餐宴请等方面的知识。

一、国际接待礼仪原则

（一）依法办事

国际交往中所进行的一切活动，都必须依照国家的法律办事，才能确保既得利益。

（二）遵时守约

遵时是守约的具体体现，在涉外交往中是否能遵守时间和个人承诺是国际社会衡量、评价一个人文明程度的重要标准之一。

（三）尊重隐私

所谓个人隐私，在一般意义上是指某一个人出于个人尊严或者其他方面的特殊考虑，而不愿意对外公开、不希望外人了解的私人事宜或个人秘密。在涉外接待工作中，应该贯彻尊重隐私的原则，养成莫问隐私、保护隐私的习惯。

（四）女士优先

"lady first"即女士优先，起源于欧洲中世纪的骑士之风，是传统的欧美礼节的基础，后来成为国际社会公认的重要礼仪原则。女士优先的核心是要求男士在任何场合、任何情况下，都要在行动上从各个方面尊重、照顾、帮助、保护妇女。比如，男女同行时，男子应走靠外的一侧；在开门、下车、上楼或进入无人领路的场所、遇到障碍和危险时，男士应走在女士前面；乘坐出租车或其他轿车时，应让女士先上车；下车一般是男士先下，然后照顾女士下车；在需要开门的场合，男士应为女士开门；点菜时，应先把菜单递给女士;等等。

(五)尊重他人

真诚尊重他人是礼仪的首要原则,只有真诚尊重,方能创造和谐愉快的人际关系。但是,应该注意的是,国际交往中人与人、国与国之间应是平等的关系。中国人与外国人交往要注意避免误区,不卑不亢,保持人格平等。

(六)保护环境

环境是人类和自然界万物生存的基础资源,爱护环境、保护环境已是国际社会所倡导的一种社会公德。在国际交往中,能否自觉地做到爱护环境、保护环境是一个人有没有教养、能否获取对方尊重的重要标志。

二、迎送接待礼仪

(一)接待准备

从接到来客通知后,接待工作就开始进入准备工作阶段。这是整个接待中的重要环节,一般包括以下几个方面的内容。

1.了解客人的基本情况

为做好接待工作,首先要了解客人的姓名、性别、国籍、民族、职业、级别、年龄、生活习惯、宗教信仰等信息;其次要掌握其来访的目的与要求;最后要了解客人抵/离店的具体时间与地点。

2.制订接待方案

接待方案是指接待规格和主要活动安排的日程。接待规格的高低通常根据来访者身份、两国的关系等,按照身份对等的原则接待。同时,为确保接待工作圆满顺利,承担接待部门须对本单位将完成的每一项礼宾活动制订具体、周密的计划。

3.布置接待环境

根据已确定的礼宾规格,按照不同的接待性质布置会见、会谈场所。

4.做好迎宾准备

除安排布置好来宾的下榻处和迎送车辆,预先为客人制定宴请清单并定座次等外,若有需要,还需落实保安工作,并对参加接待服务的人员进行专门的培训和操练。

（二）迎　送

根据来宾的身份、规格，迎送主要分官方迎送、民间团体迎送及一般客人迎送。官方迎送比较正式，特别是迎送国宾应注意国际惯例，由身份相当的领导人出席，一般安排献花并奏两国国歌等。迎送民间团体，一般不举行官方正式仪式，但需根据客人的身份、地位，安排对等接待。迎送一般来宾，主要是做好各项安排，主动热情接待。

（三）会见、会谈

1. 会见

会见，又称接见或拜会，是国际交往中常采用的礼宾活动形式。凡身份高的人士会见身份低的，或是主人会见客人，一般称为接见或召见。凡身份低的人士会见身份高的，或客人会见主人，一般称为拜会或拜见。我国一般不作上述区分，统称会见。接见或拜会后的回访，称回拜。

2. 会见的座次安排

会见在国际上通常安排在会客厅或办公室，一般是将主宾、主人席安排在面对正门的位置，宾、主双方分别而坐，主人在左，来宾坐在主人右侧。译员、记录员坐在主人和主宾后面。主、客方陪见人分别在主人、主宾一侧按身份高低就座，如图 5-1 所示。如座位不够，可在后排加座。

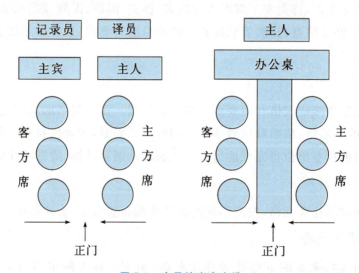

图 5-1　会见的座次安排

3. 会见的服务规程

当客人到达时，服务员要利用主人到门口迎接的间隙，迅速检查并整理好各项物品。然后,用茶杯上茶。一般只备茶水和矿泉水。

宾、主人座后,一般由两名服务员从主宾和主人处开始递毛巾,递给外宾的服务员动作要先于另一名服务员,递的同时须热情地道一声"请"。客人用完毛巾,要及时收回,保持台面整洁。如上冷饮,其礼宾程序与上毛巾相同。上冷饮时,托盘上的冷饮品种要齐全,摆放要整齐,请客人自选。

会见结束后,要及时把会见厅的门打开,并送主要的首长及年长的首长上车。在主人送走客人返回时,应及时递上一块热毛巾。

4. 会谈

会谈是指双方或多方就某些重大的政治、经济、文化和军事等共同关心的问题交换意见,或就具体业务进行谈判的活动。一般来说,会谈的内容比较正式及专业,要特别注意保密。

5. 会谈的座次安排

正式会谈中的礼宾次序讲究双边或多边平等。双边会谈常用长方形、椭圆形或圆形桌子,宾、主相对而坐。若会谈长桌横向摆放,则以正门为准,主人背门而坐,宾客面门而坐,双方主谈人居中,如图 5-2 所示。若会谈长桌纵向摆放,则以入门方向为准,右侧为客方,左侧为主方,如图 5-3 所示。

我国习惯上把译员安排在主谈人右侧,但有的国家则让译员坐在主谈人身后,一般客随主便。多边会谈,座位可摆成圆形、方形等。小范围会谈,可只摆沙发或圈椅。双方座位按有桌会谈进行安排。

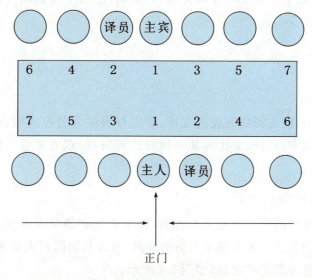

图 5-2　会谈座次安排(一)

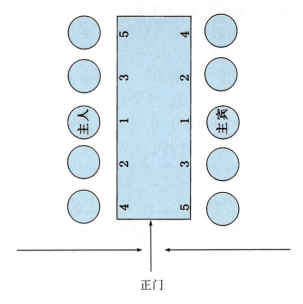

正门

图 5-3　会谈座次安排(二)

6.会谈的服务规程

在主办单位通知外宾从住地出发时,服务员要在工作间将茶杯沏上茶。当主人到门口迎接宾客时,服务员上茶。宾主来到会谈桌前,服务员要帮助其拉椅让座。然后,根据需要,服务员分别从两边为宾主双方递上毛巾。

会谈活动一般时间较长,可视具体情况根据要求上饮料、点心,续水及换铅笔。会谈中间休息时,服务员要及时整理好座椅、桌面,注意不要翻阅或弄乱桌面上的文件、本册等。

(四)签　字

1.签字仪式

在涉外活动中,国与国之间通过互访,商定发表联合公报或联合声明,或通过谈判就政治、经济、军事、科技、文化等某一领域达成协议,双方互签互换文本举行的仪式,称为签字仪式。

2.签字仪式的座次安排

签字人员的座位顺序一般是主左客右,即主方坐在签字桌左侧,客方坐在右侧,双方助签人员分别站立于各方签字人员的外侧,双方其他陪同人员则按职位、身份高低的顺序排列于各方签字者之后,如图 5-4 所示。

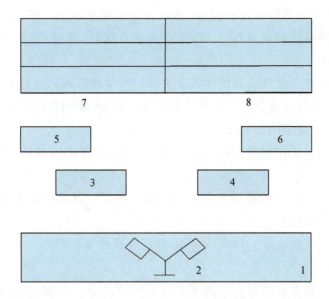

1.签字桌；2.双方国旗；3.客方签字人；4.主方签字人；5.客方助签人；

6.主方助签人；7.客方参加签字仪式人员；8.主方参加签字仪式人员。

图5-4　签字仪式座位安排

如果有三四个国家参与签字仪式，其签字仪式大体如上所述，只是应相应增添签字人员座位、签字用具及国旗等物品。如签订多边公约，通常仅设一个座位，先由公约国代表签字，后由各国代表依次轮流在公约上签字。

3. 签字仪式的服务规程

双方签字人员到达时，服务员要主动上前帮助签字人拉椅让座。开始签字前，前台服务员应立于签字桌两头，等候签字交换文本时迅速撤椅子，后台服务员应迅速将香槟酒打开，倒入香槟酒杯(六七分满)，准备上酒。托香槟的服务员在双方代表站起来后应迅速将酒端至双方签字人员面前，请其端取。随后，依据礼宾次序，向两边依次分让。最后，要迅速接收整理酒杯，照顾签字人员退场。

(五)宴　请

宴请是为了表示欢迎、答谢、祝贺、喜庆等而举行的一种隆重的、正式的餐饮活动。国际上通用的宴请形式有宴会、招待会、茶会、工作餐等。宴请的形式和规格，主要根据宴请活动的目的、邀请对象和经费等各种因素来决定。

1. 宴请的常见形式

(1)宴会。宴会是比较正式和庄重的宴请活动，按其规格有国宴、正式宴会、便宴、家宴之分；按举行时间有晚宴、午宴、早宴之分。

⊙国宴，是国家元首或政府首脑为国家庆典或为招待应邀来访的外国元首或政府首脑及其他贵宾而举行的正式宴会,是宴会中规格最高的。举行国宴的宴会厅内悬挂国旗,乐队演奏国歌及席间乐,席间宾主双方致辞、祝酒,宾主均按身份排位就座,礼仪规范严格。

⊙正式宴会,通常是政府和团体等有关部门为欢迎应邀来访的客人,或来访的客人为答谢主人而举行的宴会。正式宴会除不挂国旗、不奏国歌以及出席规格不同外,其余安排大体与国宴相同。

⊙便宴,又称非正式宴会。这类宴会形式简便,宾主之间较随便亲切,不拘于严格礼仪。

⊙家宴,是在家中设宴招待客人的一种宴会形式。家宴往往由家庭主妇亲自下厨烹调,家人共同招待。

(2)招待会。招待会是一种灵活简便、经济实惠的宴请形式。常见的招待会有冷餐会和酒会两种。

⊙冷餐会,又称为自助餐。这种宴会形式的特点是不排席位,菜肴以冷食为主,餐桌上同时陈设各种餐具,供宾主自取。客人可随意走动,来去自由,不受约束。

⊙酒会,又称鸡尾酒。招待品以酒水、饮料为主,略备小吃。形式活泼、随意。

(3)茶会。茶会是一种简便的招待形式,招待品以茶为主,也可选择咖啡,可略备点心和风味小吃。入座时,要有意识地将主宾同主人安排坐在一起,其他人随意就座。

(4)工作餐。工作餐是现代国际交往中常用的一种非正式宴请形式,它利用进餐时间边吃边谈,省时简便,一般不请配偶及其他与工作无关的人员参加。

2. 宴请的桌席排列

(1)宴请的桌次排列。按国际惯例,团体宴请的桌次排列一般以最前面的居中桌子为主桌,桌次的高低以离主桌位置远近而定,右高左低(图 5-5)。小型宴会,可按餐厅实际情况横排或竖排(图 5-6)。

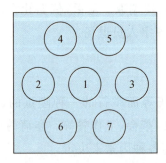 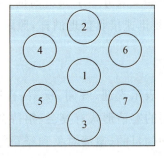

图 5-5　宴请的桌次排列(一)

(2)宴请的座次排列。凡正式宴会,一般均排座位,也可只排部分客人的座位,其他人只排桌次或自由入座。无论采用哪种做法,都要在入席前通知到每一位出席者,使大家心中有数。

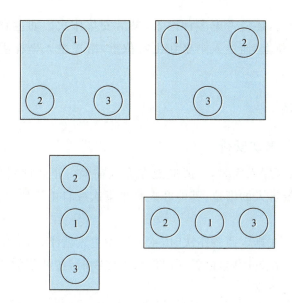

图 5-6　宴请的桌次排列(二)

宴请座席安排既有外国习惯,也有我国习惯。按照国际惯例,座席安排应男女穿插,以女主人为准,主宾在女主人右上方,主宾夫人在男主人右上方。我国则习惯按个人职务排列,以便于交谈。如夫人出席,通常将女方排在一起。两桌以上的宴会,其他各桌第一主人的位置可以与主桌主人位置同向,也可以面对主桌的位置为主向(图 5-7)。

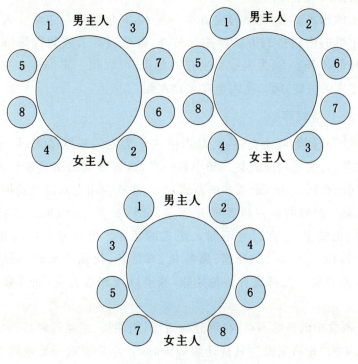

图 5-7　宴请的座位安排

具体安排席位时,还应考虑多种因素,灵活安排座次。如主宾身份高于主人,也可把主宾排在主人位上,而主人则坐在主宾位上,第二主人坐在主宾的左侧,以示对主宾的尊重。

（六）西餐宴请

1. 引宾入厅及席次安排

引领客人进入餐厅入座时,一般应走在客人前面。正式西餐宴会一般均安排席位,也可以只排主要客人的席位,其他客人只排桌次或自由入座。西餐的座席安排应遵循以下原则。

（1）女士优先。在排定西餐座次时,主位请女主人就座,而男主人位居第二位。

（2）面门为上。在餐厅内,以餐厅门作为参照物时,按礼仪的要求,面对正门者为上座,背对正门者为下座。

（3）距离定位以右为尊。同一桌上席位的高低,以距离主人座位的远近而定,右高左低。

（4）交叉排位。西餐习惯男女交叉排列,生人与熟人交叉排列。比如,非官方接待,以女主人的座位为准,主宾坐在女主人的右上方,主宾夫人坐在男主人的右上方。我国用西餐宴请客人,照例按职务高低男女分列而坐。即主宾坐在主人的右上方,主宾夫人坐在女主人右上方。

两桌以上的西式宴会,各桌均应有第一主人,其位置应与主桌主人的位置相同,其客人也依主桌的座位排列方法就座。另外,席位安排若遇到特殊情况,可灵活处理。如主宾身份高于主人,为表示对主宾的尊重,可以把主宾安排在主人的位置上,而主人坐在主宾的位置,第二主人坐在主宾左侧。

2. 西餐的上菜顺序

西餐大致可以分为两大类:一类是以俄式菜为主的东欧菜式;另一类是西欧菜式,包括法式菜、美式菜和德式菜。和中餐一样,西餐宴请的菜式和标准也会根据用餐场所的不同而有所变化。最正式的西式晚宴,往往会由七八道菜肴构成。

（1）开胃菜。西餐的第一道菜即开胃菜,又称头盘,是用来为进餐者开胃的菜肴。在西餐的正餐里,它有时并不列入正式的菜序。开胃菜有冷头盘和热头盘之分,常见的有沙拉、鱼子酱、鹅肝酱、熏鲑鱼、鸡尾杯、奶油鸡酥盒、焗蜗牛等。因为要开胃,所以开胃菜一般都具有特色风味,味道以咸和酸为主,而且数量较少,质量较高。

（2）汤。西餐中的汤必不可少,可分为清汤、奶油汤、蔬菜汤和冷汤四类。依据传统,汤是西餐中的"开路先锋",只有开始喝汤时,才算是正式开始吃西餐了。采用西餐时,仅可以上一种汤。

（3）副菜。鱼类菜肴一般作为西餐的第三道菜，品种包括各种淡水、海水鱼类、贝类及软体动物类。通常水产类菜肴与蛋类、面包类、酥盒菜肴均称为副菜。

（4）主菜。主菜是西餐的核心内容，主要包括肉、禽类菜肴。在西餐的主菜里，肉菜被用以代表用餐的档次和水平。

（5）点心。吃过主菜后，可以根据需要点一些诸如蛋糕、饼干、土司、馅饼、三明治之类的小点心，供那些没有吃饱的客人填肚子。如果已经吃饱了，可以不吃。

（6）甜品。西餐的甜品是主菜后食用的，包括布丁、煎饼、冰激凌、奶酪、水果等。这些甜品在正餐上，被视为一道例菜，因此，就餐者应该尽可能品尝。

（7）热饮。西餐的最后一道菜是饮料，咖啡或茶皆可。最正规的热饮，是红茶或者不加任何东西的黑咖啡。二者只选其一，不宜同时享用。热饮的主要目的是帮助用餐者消化食物。热饮可以在餐桌上饮用，也可以换地方，例如到休息室或客厅饮用。

3. 西餐餐具

（1）餐具排列。西餐餐具主要有刀、叉、匙、盘、杯、碟等，花样繁多。通常宴请的正规程度可以由餐具的多少来区分，即越是正式的宴请，刀叉杯碟越多。放在每一个人面前的是吃盘（食盘或汤盘），左边放叉，右边放刀。刀叉的数目和菜的道数相当，一般吃不同的菜要用不同的刀叉。使用刀叉的顺序是按上菜的顺序由外至里排列的。吃盘的上方放匙，小匙是用来吃冷饮的，大匙是用来喝汤的。再上方为酒杯，从左到右排成一排，顺序由小到大，分别用于饮用各种类型的酒。面包碟放在匙的左方，匙的右方是油碟，碟内有专用小刀。餐纸放在吃盘上或插在水杯里。

（2）餐具使用。正确的持餐刀方法是：右手持刀，拇指抵住刀柄的一侧，食指按在刀柄背上，其余三指弯曲握住刀柄。不用餐时，应把刀横放在盘子的右上方。

正确的持叉方法是：如果叉子不与刀并用，用右手持叉取食，叉头应向上，当用右手持刀时，则用左手持叉，当肉被割下来以后，先把刀放下，再将叉子换到右手，用叉子叉上肉，送到嘴里。

正确使用汤匙的方法是：用右手拇指和食指持汤匙柄，手持汤匙，使其侧起，顺汤碗靠自己的一侧伸入汤里。汤匙不可盛太满，切不可使汤滴在汤盘外面。餐桌上的小匙是用来调饮料的，无论喝什么饮料、茶点，用小匙调完后，都应把小匙从小杯里取出，然后放入托盘中。

（3）餐具的暗示作用。进餐时，如就餐者有事临时离席，刀叉放在碟前呈"八"字形，这表示用餐尚未完毕，服务人员此时不会收拾餐具。如果刀叉并排横放在餐盘上，或刀右叉左纵向放在餐桌上，这表示已用餐完毕，服务人员可上前收拾餐具。此外，餐巾在西餐里除了有保洁服装、擦拭口部的作用外，也可以起到暗示作用。如开始用餐之际，女主人为自己铺上餐巾时，一般等于正式宣布用餐开始，而当女主人把自己的餐巾放在餐桌上时,意在宣布用餐结束;餐间,如需要中途离席,只需把餐巾置于本人座椅的椅面上即可。

三、礼宾次序与国旗悬挂法

（一）礼宾次序

礼宾次序是依照国际惯例,对参与国际交往的国家、团体和个人的位次按某些规定和惯例所排列的先后次序。各国的礼宾次序排法不尽相同,但常见的方法主要有三种,即按身份与职务高低排列(礼宾次序排列的主要依据),按国家名字的字母顺序排列及按通知代表团组成的日期先后排列。

（二）国旗悬挂法

国旗是一个国家的象征和标志。按国际关系准则,一国元首、政府首脑在他国领土上访问期间,有权在其下榻处及乘坐的交通工具上悬挂国旗(或元首旗),这是一种外交特权。东道国在接待来访的外国元首、政府首脑时,在隆重的场合及贵宾下榻的国宾馆和乘坐的汽车上悬挂对方(或双方)国旗(或元首旗)是一种特殊的礼遇。国际上还公认,一个国家的外交代表,在所驻国境内有权在其官邸、馆区、办公处及交通工具上悬挂本国国旗。

悬挂双方或多国国旗时应遵守礼宾次序。根据"右为尊"的礼则,两面国旗并列悬挂,以旗正面为准,右方为客方国旗,左方为本国国旗,如图 5-8 所示。多面国旗悬挂,则按组委会规定的礼宾次序排列悬挂,一般以国家名字的英文字母排列居多。出于礼貌,东道国的国旗一般排在最后,如图 5-9 所示。

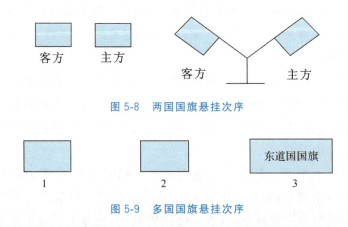

图 5-8　两国国旗悬挂次序

图 5-9　多国国旗悬挂次序

迎宾车队挂旗,以汽车行进方向为准,右为客方旗,左为主方旗。

项目一：宴会桌次和座位的排列

1. 重点练习：宴会桌次和座位安排的实际操作能力。
2. 场景设计：结合餐饮服务课程，模拟练习宴会桌次和座位安排。
3. 教师可根据班级人数分小组演练，并点评记分。

项目二：涉外会议的座次排列（以会见会议或谈判签字会议为例）

1. 重点练习：涉外会议中主宾双方的座位与站位；国旗的摆放。
2. 场景设计：结合会议服务礼仪模块，模拟练习涉外会议的礼仪规范。
3. 教师可根据班级人数分小组演练，并点评记分。

涉外活动中坐车位置的讲究

接待外宾或参加涉外活动时，有时要安排迎送人员陪同坐车。一般认为，双排五座轿车最尊贵的座位是后排与司机座位成对角线的座位，即后排右座。其余座位的尊卑次序是：后排左座、后排中座、前排右座。

在涉外活动中，宾主同车时，宜请客人坐在主人右侧，译员坐在前排右座。如果宾主不乘同一辆轿车，则主人坐的车应当行驶在宾客坐的车之前，为其开道。

我国主要客源国概况

1. 日本

日本总人口约 1.25 亿（2022 年 5 月）。主要民族为大和族，北海道地区约有 1.6 万阿伊努族人。通用日语。主要宗教为神道教和佛教。

2. 韩国

韩国总人口约 5162 万。为单一民族，通用韩国语，50％左右的人口信奉佛教、基督教、天主教等宗教。

3. 新加坡

新加坡总人口约为 545 万（2022 年），公民和永久居民 399 万。华人占 74％左右，其余为马来人、印度人和其他种族。马来语为国语，英语、华语、马来语、泰米尔语为官方语言，英语为行政用语。主要宗教为佛教、道教、伊斯兰教、基督教和印度教。

4. 马来西亚

马来西亚总人口约为 3270 万（2022 年）。其中,马来人 69.4％,华人 23.2％,印度人 6.7％,其他种族 0.7％。马来语为国语,通用英语,华语使用较广泛。伊斯兰教为国教,其他宗教有佛教、印度教和基督教等。

5. 泰国

泰国共有 30 多个民族。泰族为主要民族,占人口总数的 40％,其余为老挝族、华族、马来族、高棉族,以及苗、瑶、桂、汶、克伦、掸、塞芒、沙盖等山地民族。泰语为国语。90％以上的民众信仰佛教,马来族信奉伊斯兰教,还有少数民众信仰基督教、天主教、印度教和锡克教。

6. 俄罗斯

俄罗斯总人口约 1.46 亿,共有 194 个民族,其中俄罗斯族占 77.7％,主要少数民族有鞑靼、乌克兰、巴什基尔、楚瓦什、车臣、亚美尼亚、阿瓦尔、摩尔多瓦、哈萨克、阿塞拜疆、白俄罗斯等族。其官方语言为俄语,主要宗教为东正教,其次为伊斯兰教。

7. 英国

英国总人口约为 6708 万（2020 年）。其官方语言为英语,威尔士北部还使用威尔士语,苏格兰西北高地及北爱尔兰部分地区仍使用盖尔语。居民多信奉基督教新教（占总人口的 51％）,主要分英格兰教会（亦称英国国教、圣公会）和苏格兰教会（亦称长老会）。另有天主教会及伊斯兰教、印度教、锡克教、犹太教和佛教等较大的宗教社团。

8. 美国

美国总人口约 3.33 亿（2021 年 8 月）。美国 2020 年的人口普查数据显示,非拉美裔白人占 57.8％,拉美裔占 18.7％,非洲裔占 12.4％,亚裔占 6％,印第安人和阿拉斯加原住民占 1.1％,夏威夷原住民或其他太平洋岛民占 0.2％（以上比例存在重叠）。通用英语。人口中约 46.5％信仰基督教,20.8％信仰天主教,1.9％信仰犹太教,0.9％信仰伊斯兰教,0.7％信仰佛教,0.5％信仰东正教,1.2％信仰其他宗教,22.8％无宗教信仰（少部分人群属于多宗教信仰被重复统计）。

9. 加拿大

加拿大总人口约为 3892 万（2022 年 7 月）。主要为英、法等欧洲后裔,土著居民约占 3％,其余为亚洲、拉美、非洲裔等。英语和法语同为官方语言。居民中信奉天主教的占 45％,信奉基督教的占 36％。

10. 澳大利亚

澳大利亚总人口约为 2617 万(2022 年 10 月)。74％为英国及爱尔兰裔,亚裔占 5％,土著人占 2.7％,其他民族占 18.3％。官方语言为英语,汉语为除英语外第二大使用语言。约 63.9％的居民信仰基督教,5.9％的居民信仰佛教、伊斯兰教、印度教等其他宗教。无宗教信仰或宗教信仰不明人口占 30.2％。

资料来源:中华人民共和国外交部网站。

思考与练习

1.国际交往接待准备工作主要包括哪几个重要环节?

2.国际交往中宴请形式主要有哪几种?

3.宴请的桌次、座次安排应注意哪些问题?

4.在签字仪式中,接待服务人员要做哪些工作?

5.会见的座位应如何安排?

6.结合专业实习,学习与实践国际交往接待礼仪的服务规程,重视各国及地区的习俗礼仪及禁忌。

模块五
礼仪习题

模块六课前准备

1.预习模块六的内容。

2.7～8 人为一小组,选举一人为组长,合作写出:

(1)谈判签约会议的服务流程,包括会前准备、会中服务,简单拟定谈判事件。(结合模块五的涉外会议能力训练要求)

(2)报告会(或培训会)的服务流程,包括会前准备、会中服务及茶歇服务等。简单拟定报告会内容。

模块六　会议服务礼仪

学习目标

知识目标——理解会议的概念及类型；掌握会议服务礼仪规范。

能力目标——能按会议服务礼仪规范进行会议服务。

课前测试：

1. 常见的会议台型布置有哪几种？分别与哪些会议形式相匹配？

2. 会前准备中，名卡、便笺、笔、茶杯、小毛巾及装饰品的摆放规范是什么？在规定的时间内让每一位同学在自己的桌前进行便笺、笔、茶杯、名卡的摆放，并记分点评。

3. 会中服务时倒茶续水有哪些要求？续水一般间隔多长时间？

4. 会议茶歇的准备有哪些要求？

APEC 会议接待任务

2001 年 10 月，将在上海科技馆接待 APEC 领导人会议。接待服务工作由上海锦江集团承担。为做好此次高规格的会议接待，主办方与锦江集团的主要领导成员在年初就相关事宜在锦江饭店会议厅召开协调会，并举行接待任务的签字仪式。如何服务好此次会议？在会议服务礼仪环节上应注意些什么？锦江饭店领导非常重视这次协调会议，专门成立了会议接待小组，并就此次协调会议制定了服务及礼仪事项实施方案，小组成员分工明晰、相互合作。

会议按如下程序进行：

1. 会前准备。

（1）会场布置——酒店大门挂会议横幅；大门口竖会议厅指示牌；按到会人次进行桌椅摆放（横放或竖放）、签字台准备；按要求摆放便笺、笔、名卡、茶杯、小毛巾等;按会场装饰花、绿色植物等。

（2）完好的视听设备等。

（3）其他细节,如会议室的气味、洗手间;检查拍照设备及参会人员有无特殊要求等。

2.会间服务。迎宾、引位（注意座次安排）;上茶、续水及即时服务;签字时服务;拍照服务;保证视听质量。

3.会后清洁整理。

由于做了充分的准备,协调签字会议取得了圆满成功,主办方展示了会议服务水准与亲切、周到、细致的会议服务礼仪礼节。

思考:案例中哪些准备属于会议服务的范围? ＿＿＿＿＿＿＿＿＿＿
＿＿＿＿＿＿＿＿＿＿＿＿＿＿＿＿＿＿＿＿＿＿＿＿＿＿＿＿＿＿＿＿

现代酒店承接会议越来越多,规格越来越高,如何做好会议服务是体现一家酒店服务水准的标志之一,会议服务礼仪中细节到位,也给提升会议服务增添了光彩。APEC 会议是国际性的会议,服务质量的好坏影响到国家的声誉,锦江集团充分认识到会议服务的重要性,在实施措施上花心思、重细节、勤练习并善于改进,求得会议过程的尽善尽美。从该案例可以看出,会议服务更重视整体配合,重视个体形象与风采,重视可能出现在程序之外的意外事件,但只要思想重视,不放过点点滴滴的细节,培训到位,服务工作也能创造出奇迹。

会议一般程序

知识储备

随着会展业的发展,越来越多的星级酒店开始关注会议客源市场,并投资设立了各种类型的会议室,更有专门经营会议的度假村和酒店出现。这些酒店为各类型会议的召开配置了功能齐全的会议设备和设施,并提供会议布置、摆台、会议期间的服务,卫生间服务、衣帽间服务、停车场服务以及各会议厅、会议室附属设施服务。

一、会议的概念

狭义的会议是指有组织、有计划、有目的、有领导地由不同层次和不同数量的人聚集在一起,对某些议题进行商议或讨论的集体活动。广义的会议泛指一切集会,是人们从事各类有组织的活动的一种重要方式。但不是所有集会都构成会议。会议应包含三个要素:会议形式、会议内容、会议程序。

二、会议的类型

会议是组织中互相沟通信息、交换意见以及形成决策的重要活动。会议类型按不同标准划分为以下几种情况。

⊙ 按性质分，有一般性会议、规定性会议、专题性会议、座谈性会议、会见性会议、纪念性会议等。

⊙ 按内容分，有政治类会议、行政类会议、事务类会议、商务类会议、经济类会议、军事类、学术类会议等。

⊙ 按规模分，有小型会议、中型会议、大型会议、特大型会议。

⊙ 按形式分，有传统的常规会议、电视会议、电话会议、网络会议等。

会议的类型不同，其礼仪也有所不同，会议服务礼仪是会议取得成功的重要保证。从以上的案例也可以看出现代会议服务已不再仅是迎来送往、泡茶倒水等事务性工作，而是涵盖了从接洽到接待、会场布置、附属设施设备服务、引导、咨询、安排休息、引导入座、会间服务、餐饮招待、环境介绍、设备使用、参观浏览、票务安排以及其他特殊需要的服务工作，因此，现代会议服务是全方位、立体化的服务。

会议服务分会前、会中、会后服务三个阶段，一般以会前准备中的会议布置及会间服务为主要任务。

三、会前准备服务礼仪

要让会议圆满成功，会前的服务准备工作很重要。一般在会前要做到：一是了解会议确定的主题；二是根据会议主题进行会场布置。在会议服务中，主要是掌握会场布置的礼仪要求。

会前准备注意事项

（一）会议厅（室）环境礼仪规范

1. 礼仪原则

总体要求：整洁干净；安静隔音；光线柔和；照明适宜；空气新鲜；温度适宜；有良好的装饰效果。

2. 环境标准

总体要求：厅、地面、墙面、窗户等无尘土，无污迹，无裂痕，无杂物，按时擦拭，干净、整齐；厅内无噪声，功能区域划分合理，客人开会互不干扰，厅隔音效果好，能有效保护会议内容不被泄漏；厅灯光设计和采光符合各项会议及商务活动需求，并能起到装饰和调节气氛的作用;厅新风供应量充足,保持空气新鲜,空气质量达到国家标准;厅内温度、湿度适宜,厅内无静电、无污浊飘浮物、无异味;室内环境布置,家具与办公用品的配置能满足安全、方便、舒适、实用的使用需求,装饰有适当的绿色植物、鲜花、饰品等,让客人在视觉上得到充分的放松。

(二)会议会场布置礼仪规范

1.礼仪原则

总体要求:会标醒目端正;台型规范整齐;设备状态良好。

2.操作标准

会议会场布置因种类、规模的不同而有所不同(图 6-1~图 6-4),作为服务员需掌握:会标使用规范;台型设计规范;会谈台型布置规范;会见台型布置规范;签字仪式会场布置规范;视听设备使用规范,以便为与会客人提供优质的服务。

图 6-1　会场实景

彩图效果

图 6-2　会见场所实景

113

图 6-3　会谈会场实景

彩图效果

图 6-4　报告会实景

⊙会标使用规范。会标是揭示会议主题的文字式标志，一般以醒目的横幅形式悬挂在会场背景墙上，或者做成数字电子图片投影在屏幕上。

会标字迹规范、醒目、内容言简。会标内容要突出会议主题，横幅宜用红色为底，悬挂位置合理，挂放端正，平整无破损。

⊙台型设计规范——台型设计应与会议主题相协调，桌椅按区域摆放，间距一致，桌布椅套及装饰布干净整洁，色彩搭配协调，有良好的装饰效果。一般会议使用普通桌面。在签字仪式或会谈等正式场合可使用深绿色的台呢布。桌布四角直线下垂，下垂部分与地面相距 2 厘米为宜，铺好的桌布平整，无破洞。使用长条形桌台时，椅子前沿与桌子边沿垂直相距 1 厘米。

⊙会谈台型布置规范。双边会谈的厅（室），一般布置长条桌和扶手椅，宾主相对而坐；多边会谈时，一般采用圆桌和方桌。按出席会谈人数的多少，将长条桌按横"一"字形或竖"一"字形摆放。桌子的中线与正门的中轴线对齐。桌子两侧扶手椅对称摆放,主人与主宾座椅居中相对摆放,座椅两侧的空档应比其他座椅要宽一些。会谈桌若采用横"一"字形摆放的,主人应背对门就座,客人面对门就座(图 6-5);若采用竖"一"字形摆放的,以进门方向为参照,客人座位在右侧,主人座位在左侧。译员座位安排在主持会谈的主人或主宾的右侧,记录员一般安排在后侧,另行布置桌椅就座(如参加会谈人数较少,也可安排在会谈桌前就座)。为烘托会谈的气氛,可以在会谈桌的纵中轴线上摆放鲜花,摆放要符合规范,高度应小于35 厘米,以不挡住主宾视线为准,摆放符合规范。

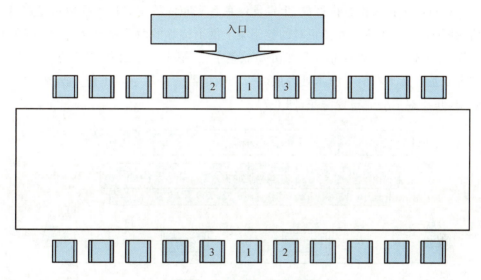

图 6-5 会谈桌横向摆放图形

⊙会见台型布置规范。常见的会见台型为 U 字形,见图 6-6。厅(室)正面挂屏风式挂画为照相背景,根据实际情况,有时宾主各坐一边,有时穿插坐在一起。

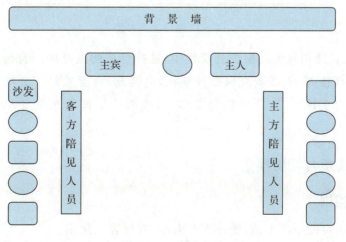

图 6-6 U 字形台型

主宾一般坐在主人的右边，译员安排坐在主人与主宾的后方，其他客人按身份在主宾一方顺序就座。主方陪见人员在主人一方就座，客方陪见人员在主宾一方就座。

⊙签字仪式会场布置规范。会场背景为会标或挂画，在会标前面是双方代表为合影设置的梯架，人少时也可不设，并在梯架两侧设置常青树。梯架前面是签字桌，签字桌的摆放有两种方式：

一是设单独的两张方桌，双方签字人员各坐一桌，签字旗架放在各自的签字桌上。

二是将两张长条桌并排摆放，上铺深绿色台呢布。签字桌后面摆放两把高背椅，两椅相距1.5米，在签字人员正对的签字桌上摆上待签的两本签字文本，文本距桌沿3厘米，在文本正下方离桌沿1厘米处横放签字笔，笔尖向左摆放，在主方签字文本左侧和客方签字文本右侧3厘米处各摆放一个吸墨器。在签字桌正前方摆放主客双方国旗架，并在签字桌前布置鲜花(图6-7)。

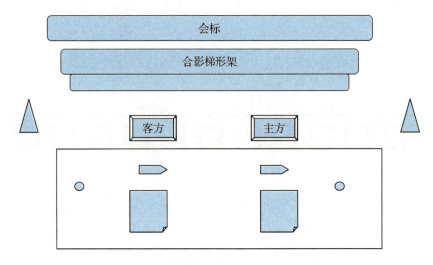

图 6-7　签字会场布置

⊙视听设备使用规范。根据会议性质，选择合适的麦克风。有线麦克风的摆放距离适当，布线整齐，无线麦克风摆放端正，电池充足，音效好。音响设备位置摆放合理，效果符合会议要求，音量控制要得当，投影仪工作状态良好，布局合理，使用得当。

(三)会议摆台礼仪规范

1.礼仪原则

总体要求：台面干净整洁；物品齐全有序；方便客人使用。

2. 操作标准

会议桌摆台要讲究规范,包括托盘使用规范,便笺摆放规范,铅笔或圆珠笔摆放规范,杯垫摆放规范,杯具摆放规范,高脚水杯、小毛巾摆放规范,座位名卡摆放规范,花插摆放规范。

⊙ 托盘使用规范。选择合适的托盘来装运摆台用品。装运物品前,先将托盘洗净擦干,同时装几种物品时,将重物、高物放在托盘的里档,轻物、低物在外档;先上桌的物品在上、在前,后上桌的物品在下、在后。托盘时,左小臂抬起,与大臂呈90°,手掌五指分开,以五个指腹与掌心为底托起托盘。托盘行走时要头正,面带微笑,目视前方,脚步稳健,托盘在胸前自然摆动。

⊙ 便笺摆放规范。便笺要整齐,不破损,数量够用,稍有富余。将便笺摆在正对椅子中心的桌子上,桌子宽度在55厘米以内的,便笺下部距桌沿为1厘米(大约为一指的宽度);桌面宽度超过55厘米的,便笺底部距桌沿为3厘米(大约两指宽度)。摆放时,便笺间距一致,便笺上有会议举办地信息或店徽的,文字面要朝向客人。便笺中心线纵向要与椅子中心线对齐。

⊙ 铅笔或圆珠笔摆放规范。将笔摆在便笺右侧1厘米处,根据桌子直径大小,笔的尾端距离桌沿1厘米或者3厘米。如有红、黑两色的笔,红笔摆在里侧,黑笔摆在外侧,摆放要整齐划一,笔尖朝上,笔的标签面向客人。

⊙ 杯垫摆放规范。杯垫的作用是,摆放杯子时不会发出声响,不会影响会议的进行。摆放时将杯垫摆在便笺右上角3厘米处,杯垫左边沿与内侧笔左边沿对齐,杯垫正面朝上,花纹或店徽要摆正。

⊙ 杯具摆放规范。在摆放杯具前,服务员一定要先洗净双手,用消毒毛巾或消毒纸擦拭干净。检查杯子是否有破损或有无污迹,将杯子摆放在杯垫中心部位,杯把与桌沿呈70°,方便客人取用,杯子图案应面向客人。

⊙ 小毛巾摆放规范。按照客人的人数准备相宜数量的小毛巾。小毛巾有图案或有文字的一面朝向客人,根据客人情况,将小毛巾摆放在客人适当位置处,一般摆放在便笺上方或右侧面。

⊙ 高脚水杯和矿泉水摆放规范。应会议举办方的要求,可提供饮料服务,在茶杯正上方1厘米处摆放高脚水杯,标准会议一般提供矿泉水。摆台时,将矿泉水摆在高脚水杯的左方、小毛巾托的正上方,互相间距1厘米。

⊙ 座位名卡摆放规范。一般会议多用帐篷式或屋顶式名卡,名卡的两个看面都要写上与会者的姓名。如果是涉外会议,还要用中英文双语设计名卡,名卡要字迹清晰,书写规范,确保客人的姓名准确无误,写错客人的姓名是非常不礼貌的。将名卡摆放在便笺中心的正上方。名卡间距相等,摆放端正。

⊙花插摆放规范。鲜花无脱瓣、无虫、无异味，每组鲜花不得少于三枝，花型紧扣主题，成品视觉效果美观，花插高度不得超过35厘米，以不挡住客人视线为宜。根据台型确定花插的摆放位置。

(四)会议厅(室)设备使用礼仪规范

1.礼仪原则

总体要求：设备齐全，保障安全，清洁干净，摆放有序，专人保管，指导使用。

2.使用标准

会议厅(室)设备应满足市场变化的需求和参会者的使用需求，设备状态良好，随时擦拭，定期清洁消毒，保证设备干净明亮，无尘土，无污迹，由专人保管；使用时要轻拿轻放，码放整齐，不可乱扔乱放；使用设备时应有专人指导，指导时态度要和蔼，细致耐心，边讲授边进行操作指导，保证客人能正确使用；由专职人员播放音响设备，播放前要与会议方沟通，掌握播放时间，保证播放效果，播放中要坚守岗位；每日使用前要检查设备，保证设备运作安全，要有严格的使用登记制度。

四、会议期间的服务礼仪

(一)礼仪原则

主要礼仪原则：礼貌待客，及时服务，讲究卫生，符合规范，适时回避，随时观察，有求必应，主动解决。

(二)操作标准

会议期间需要为客人进行多项服务，围绕这些服务，主要学习敬茶服务礼仪、上茶续水服务礼仪、茶歇服务礼仪。

(三)一般会议服务礼仪

1.礼仪原则

在为客人提供会议服务时要礼貌待客，及时服务，适时回避，随时观察，有求必应，主动解决。

2.操作标准

服务员在客人到达之前，以真诚的微笑、饱满的姿态迎候客人。站姿要规范。当客人进入会议室时,要点头微笑,按标准手势引领客人入座,根据会议桌的台型和会议桌的位置决定是否给客人拉椅让座。拉椅让座动作要规范,拉椅时应视客人的身材而定。按上茶与续水规范及时提供服务,会议时间较长时应为每位客人上一块热毛巾。要随时留意厅内动静,宾主有求时要随时回应,及时服务。服务时,一律要穿不带响声的工作鞋,以免影响会议。要尽量减少进出会议厅的次数,更不能长时间待在会场。一旦被客人"请"出会场,是一件极不礼貌又很尴尬的事情。

3. 倒水、续水服务礼仪

为客人倒水、续水前,服务员要洗净双手并消毒擦干,特别是在会议繁忙期间,更应如此。为客人倒水时,应站位合理,手法熟练,操作卫生,倒水量适宜,端放茶杯动作轻巧(图6-8)。服务员左手拿续水壶,右侧身在前,进入两张座椅间,腰略弯曲,用右手小指和无名指夹起杯盖,然后用大拇指、食指、中指拿起杯把,将茶杯端起,转到

图 6-8　续水服务

客人身后续水,盖上杯盖。注意,水不要倒得过快、过满,以免开水溢出杯外,烫着客人或溢到桌面上。倒完水,在客人座位的间隙间,将茶杯放在杯垫上,上茶时杯把一律朝向客人右手一侧。第一次续水一般是在会议开始后 30 分钟左右进行。具体续水次数要视会场实际情况而定,不可太教条,杯中无水是极其不礼貌的。续水时如果客人掩杯,表明客人不需要加水,则不必再续水。水以续到八分满为宜。服务中,动作要轻盈,以不挡住参会者的视线为佳。

(四)特殊会议服务礼仪

特殊会议主要指举办签字仪式、会见重要客人、商务洽谈等重大活动。表现形式为签字仪式、会见、会谈。

1. 礼仪原则

主要礼仪原则:整洁卫生,保障安全,礼貌待客,及时服务,适时回避,随时观察,有求必应,主动解决。

2. 操作标准

⊙ 签字仪式服务礼仪。签字仪式正式开始前,服务人员应站姿规范,微笑迎候客人的光临。签字人员到达大厅后,服务人员要给签字人员拉椅让座,并照应其他人员按顺序就位。签字仪式开始后,服务人员用托盘托香槟酒杯分别站在签字桌两侧约 2 米远的地方等候服务,杯中酒约七分满。签字完毕,交换文本时,由两位

服务人员迅速上前拉椅服务，随后，托香槟酒的服务人员立即将香槟酒送至签字人员面前，然后从桌后向两边依次分让，客人干杯后服务人员应立即上前用托盘接收酒杯。

有时，签字仪式会同时有几个签字人员分别在几个协议上签字，如果事先不掌握这些情况，当第一个人签字完毕时，服务人员就上前撤椅子、让酒，那就失礼了。服务动作要轻稳、迅速、及时、利索。撤椅如果不及时，会影响交换文本和握手；香槟酒如果上得慢，宾主握手后，会因等酒杯而造成冷场，破坏气氛。

服务时，服务人员一律要穿不带响声的工作鞋。

⊙会见服务礼仪。在会见开始前，服务人员要以亲切的微笑、饱满的姿态站立迎候客人。站姿要符合规范。会见用具包括茶杯、便笺、圆珠笔或铅笔，要在会见开始前半小时摆放在茶几或会见用长条桌上。参加会见的主人一般在会见开始前半小时到达会场，这时服务人员要用茶杯为其上茶。当客人到达时，主人会到门口迎接并合影，利用这段时间间隙，服务人员应迅速将用过的茶杯撤下，按照礼仪规范给客人进行上茶续水、上小毛巾等服务。

⊙敬茶服务礼仪。重要会议使用贵宾接待室的，酒店应提供敬茶服务。一般会议，茶杯是事先摆放好的，会议期间提供倒水服务即可。在特殊会议场合如会见、会谈时，要按敬茶服务礼仪上茶，敬茶前要先放好茶垫，敬茶时应使用托盘，按照礼仪次序依次服务。左手托茶盘，右手递茶。端放茶杯动作轻巧。客人坐在沙发上时应面对客人服务。由于茶几较低，服务员在距茶几30厘米左右的地方应单腿弯曲采用蹲式服务。蹲姿应优雅大方，保持视线与客人平齐，腰略弯，将茶杯放在靠近客人一边的茶几上，要将茶杯连同茶托一同放在茶几上，杯把向右，并微笑着示意客人用茶，以不影响客人交谈为原则。放茶杯时，杯底的前沿先放在杯垫上，再轻轻放稳，这样可以避免发出声响。如果用小杯上茶，要事先过滤茶汤，以免将茶叶或杂质倒在杯中。宾主同在的，要先给客人上茶。如客人较多，则先给主宾上茶。敬完茶后要先后退一两步，再转身离开。

（五）会议附属设施服务礼仪

1. 衣帽间服务礼仪

（1）礼仪原则。整洁卫生，礼貌问候，服务及时，规范操作。

（2）操作标准。衣帽间要有明显的标志牌或指示牌，方便客人识别。衣帽间要整洁明亮，设有充足的衣杆、衣架，衣架、衣杆应干净完好，无灰尘，无破损，不脱漆，不掉色（图6-9）。会议开始前一小时或根据会议举办方要求，衣帽间服务员要提前到岗做好服务准备工作。服务员着装规范，站姿标准，微笑着迎候客人光临。客人到来时，要主动问候客人,拿取客人外衣时,用右手从衣领处中心位置将外衣提到一定高度,同时用左手托起外衣的下半部分,拿至服务台上 20 厘米左右的高度,将外衣提起,并挂放整齐。不要将外衣倒拿,也不可在柜台台面拖擦,这样做既不礼貌,也容易弄脏客人的衣服。要明确告知客人应将衣包内的钱和贵重物品拿走或寄放到贵重物品保管处。按秩序将存取牌双手递给客人,并向客人道别。客人来取衣物时,要双手接过客人递过来的存取牌,仔细查看,然后按标准将衣物递送给客人,并提醒客人查收,最后向客人躬身道别。

彩图效果

图 6-9　衣帽间

2.休息区服务礼仪

(1)礼仪原则。适时清洁,礼貌回避。

(2)操作标准。会议休息区是客人活动较为集中的地方,清洁员要选择合适的时间进行清洁,因清洁工作给客人造成不便是不礼貌的,清洁员重复倒烟灰、擦地、拖地、整理桌椅及污物时,不仅要及时,还要尽量不被客人察觉。保洁时如遇到客人,要随时礼让客人,客人交谈时,要适时礼貌回避,待客人离开后,再继续工作。清扫时,走路要轻盈,动作要熟练快捷,保持专业的工作状态。与客人相遇时,要微笑地问候客人,并注意与客人的目光友好接触。切不可只顾低头干活,忽视礼貌待客。

3.茶歇服务礼仪

茶歇是指在工作和会议进程中的休息时间,为客人提供一些热饮(以咖啡、茶为主)和甜品、水果等的活动。时间一般为 20~30 分钟。在这片刻中,宾主聚在一起,喝茶、聊天,以舒缓身心,此外还能促进人际交往,实现良好的沟通,同时补充能量有利于身体健康。

茶歇的台型摆放要与会议主题相协调，茶歇台上的食品、饮料摆放整齐合理，符合饮食习惯，并方便客人拿取，茶歇台上各式食品、饮料数量均匀，与茶歇台规模和会议人数相吻合。茶歇台上的酒具、杯具等数量充足，清洁卫生，无破损。茶点名称卡要字迹清楚，摆放到位，干净美观，能代表酒店形象。服务员要随时添加茶点，用托盘撤换用过的餐具。

五、会后服务礼仪

（一）送客服务

根据会议方案，按与会者返程的车次或航班的具体时间表进行送站工作，一般送至酒店大门即可。若是重要客人，应根据情况安排车辆把客人送到车站、码头或机场。待客人登上车、船、飞机与客人告别后方可离去，并使用准确的告别语。

（二）会场清洁

会议结束时，服务员应按开门礼仪和乘电梯礼仪送走客人。给客人开门，按电梯，并向客人致道别语。客人全部离开后，首先要检查有无客人遗忘在会议场所中的物品，在确认没有后按酒店清洁要求进行打扫和清洁。

（三）处理会议文件

在会议结束时，根据工作需要和保密制度进行文件的整理。为给今后工作提供借鉴和依据，对每次会议的全部文件都应立卷归档，妥善保存。

（四）其他服务

酒店应为客人提供车辆进出登记服务、计时收费服务和车位预留服务。停车场管理员应礼貌问候客人，并用规范的手势引导车辆进出。

能力训练

项目一：习惯培养；会议名卡（台签）摆放

1.重点练习：清洁手、指甲；取茶手势；茶叶数量；茶水量；茶叶选择；台签摆放。

2.场景设计：

(1)2人一组，进行手、指甲相互清洁评定。

(2)练习用茶匙取绿茶或向杯中倒茶叶，注意茶叶数量；若用纸杯，学习纸杯的卫生取法；茶水一般为七分满；茶杯放置在桌上的位置。

(3)如酒店提供不同茶水的选择，练习询问客人的需要。

(4)每人一张 A4 大小的纸，练习简易台签制作，并写上自己的姓名。

(5)练习主席台上的台签摆放；回形桌或圆桌会议的台签摆放。

项目二：倒茶、续水姿势练习

1.重点练习：服务员左手拿续水壶，右侧身在前，进入两张座椅间，腰略弯曲，用右手小指和无名指夹起杯盖，然后用大拇指、食指、中指拿起杯把，将茶杯端起，转到客人身后续水，盖上杯盖。熟练后换右手拿壶续水，左手拿杯练习(同左手动作)。

2.场景设计：

(1)8～10人一组，1人为服务员，其余为客人，进行会谈——圆桌型会场，服务员为客人进行上茶、续水服务。

(2)6～8人一组，1人为服务员，其余为客人，进行培训会议——教室型会场，服务员为客人进行上茶、续水服务。

(3)6～8人一组，1人为服务员，其余为客人，客人在主席台上就座，服务员为客人进行上茶、续水服务。

(4)互换角色进行训练，要求能灵活应用重点练习中出现的礼仪操作。

(5)互相点评，指出优点与不足，体验礼仪对服务流程的提升。

(6)让表现优秀的小组为大家做示范表演。

(7)教师小结，课后每位学生写出实训报告及总结。

项目三：敬茶姿势练习

1.重点练习：敬茶服务礼仪标准。

2.场景设计：

(1)3～6人一组，1人为服务员，其余为客人。模拟会见场景，服务员进行敬茶、续水服务。

(2)互换角色进行训练，要求能灵活应用重点练习中出现的礼仪操作。

(3)互相点评，指出优点与不足，体验礼仪对服务流程的提升。

(4)让表现优秀的小组为大家做示范表演。

(5)教师小结，课后每位学生写出实训报告及总结。

项目四：会议台型设计

1.重点练习：根据客户的会议要求选择正确的台型。

2.场景设计：

（1）5～6人一组，配合报告会、培训会、会谈或讨论会、谈判会、新闻发布会、展览会、会见会等会议形式及人数，完成教室型、剧院型、回字形、U字形、鱼骨形等会议台型的设计。

常见会议台型

（2）教师小结，点评并记分。

项目五：衣帽间服务

1.重点练习：衣帽间服务礼仪标准。

2.场景设计：

（1）两人一组，一位是来酒店的宾客，一位是酒店的服务人员。

（2）每组自行设计三种以上服务场景。

（3）两人互换角色进行练习，要求能灵活应用重点练习中出现的礼仪。

（4）互相点评，指出优点与不足，体验礼仪对服务流程的提升。

（5）让表现优秀的一组为大家做示范表演。

（6）教师小结，课后每位学生写出实训报告及总结。

项目六：会间茶歇服务

1.重点练习：茶歇服务标准。

2.场景设计：

（1）5～6人一组，自行设计，根据场景布置茶歇的台型。

茶歇

（2）茶歇台上的食品、饮料、酒具、杯具摆放练习。

（3）茶歇中服务员随时添加茶点，用托盘撤换用过的餐具，但不影响客人。

（4）每组选出一位为组长，并兼任评委（对自己组不打分），评分为小组成员共同商议后的结果。

（5）展示分数最高的一组，并请组长谈设计与服务设想。

项目七：会议服务综合礼仪

1.重点练习：会场布置、签到、引座、印发文件、会间服务、参观引导。

2.场景设计:

(1)20人左右一组,模拟会谈会议、培训会议等形式会议服务过程。

(2)服务员为他们提供签到、引领、入座、上茶、续水、会间茶歇、衣帽间等一条龙服务。

(3)会议前进行适当的会场布置、会议摆台礼仪等练习。

(4)具体情境由每组成员合作设计。

(5)每组选出一位组长作为总指挥,负责整个会议的会前准备、会中服务及会后清洁的安排。

(6)两组互换角色进行练习,要求能灵活应用重点练习中出现的礼仪操作。

(7)每组互相点评,指出优点与不足,体验礼仪对服务流程的提升。

(8)教师小结,课后每位学生写出实训报告及总结。

 知识拓展

新闻发布会服务礼仪

新闻发布会也称为新闻记者招待会,一般时间较短,服务程序也比较简单。

1.场地布置

(1)会议厅(室)内温度、灯光要适宜,要有比较舒适的座椅,要安静而无噪声,最好不设电话分机。在厅(室)正中上方设主席台,主席台由会议桌、扶手椅布置而成。面对主席台摆设椅子、茶几,供与会者使用。布置椅子时,要根据出席的记者人数而定,4~5把椅子一组做若干排,留出走道。厅(室)两侧各摆一张长条桌,铺上台布。把冷饮容器擦净摆上桌,并用一玻璃杯放置吸管,供客人自取。

(2)会议厅(室)外设签到台。在厅(室)内外合适地方摆放主办单位事先准备好的一些图表、画片、易拉宝等宣传资料以及放大的照片、录音带、录像带等,以便记者在现场观看。

2.新闻发布会的程序

程序:签到→分发会议资料→宣布会议开始→发言人讲话→回答记者提问→接受重点采访。

3.服务礼仪要求

(1)签到。服务签到来宾,签到后由引领人员引导来宾就座。

(2)会前要把茶杯、冷饮、毛巾端上摆好。记者入场后,服务人员应热情照顾记者饮水,注意续添桌上的饮品,及时收回空瓶;引领主席台人员入座。所有服务人员退到厅内两侧。当主持人入场时，会议服务人员要协助主办单位人员疏通走道，同时要防止记者因抢拍镜头而碰到厅内陈设和用具。

展览会服务礼仪

展览会是指采用集中陈列实物、文字、图表、影像资料等方式展示成果、产品、技术等业绩而组织的大型宣传活动。企业或组织借以提高自己的知名度，扩大影响，并达到和目标公众进行双向沟通、交流的目的。

1. 服务礼仪要求

(1)服务人员要统一着装，胸前佩戴标明身份的胸卡。礼仪小组应着与展览主题相称的礼仪服，胸披红色绶带。

(2)热情、诚恳、公平地接待每一位参观者。当参观者进入展位时，要主动打招呼，以示欢迎。对观众提出的问题要做到百问不烦，耐心回答。当观众离开时，应主动与其道别。

(3)向观众作讲解时，要注意语言流畅，语调清晰。对于介绍内容要实事求是，不可任意夸大。讲解完毕，应向观众表示谢意。

(4)展览会期间要坚守岗位，各司其职，不得东游西逛，扎堆聊天。

2. 展览会的组织工作

办好一场展览会，需要方方面面的配合与协调。组织工作主要有：明确展览会的主题；确定时间与地点；确定参展单位；宣传展览内容；展览会的布展制作及其他组织工作。其中工作现场规划与布置是非常重要的事情，具体包括展位的合理分配，文字、图表、模型与实物的拼接组装，灯光、音响、饰件的安装，展板、展台、展厅的设计与装潢等。布展的效果应达到：展出物品搭配合理、互相衬托、相得益彰，以烘托展览的主题，给人一种浑然一体、井然有序的感觉。同时还要注意展览会的安全保卫以及公关等工作。

开业、剪彩、颁奖仪式服务礼仪

1. 开业仪式

开业仪式是指单位创建、开业，项目完工、落成，某工程正式开始之际，为了表示庆贺和纪念，按照一定程序所隆重举行的专门的仪式。开业仪式的种类有：开幕仪式、奠基仪式、开工仪式、落成仪式、下水仪式、开通仪式等。

开业仪式的服务规程有：了解拟定宾客名单；布置现场环境；安排接待服务；协助仪式程序拟订；做好馈赠礼品的包装及传递。当然，不同的开业仪式，服务的规程也不完全相同。

2. 剪彩仪式

剪彩仪式是指有关组织为了庆贺其成立开业、大型建筑物落成、新造的车船和飞机出厂、道路桥梁落成首次通车、大型展销会的开幕等而举行的一种庆祝活动。

(1)基本程序。

第一项,请来宾就位。在剪彩仪式上,通常只为剪彩者、来宾和本单位的负责人安排座席。在一般情况下,剪彩者应就座于前排。若其不止一人,则应使之按照剪彩时的具体顺序就座。

第二项,宣布仪式正式开始。在主持人宣布仪式开始后,乐队应演奏音乐,全体到场者应热烈鼓掌。此后,主持人应向全体到场者介绍到场的重要来宾。

第三项,进行发言。发言者依次应为东道主单位的代表、上级主管部门的代表、地方政府的代表、合作单位的代表等等。每人不宜超过三分钟,重点分别应为介绍、道谢与致贺。

第四项,进行剪彩。此刻,全体应热烈鼓掌,必要时还可奏乐或擂鼓。在剪彩前,须向全体到场者介绍剪彩者。此项过程必须标准无误。

第五项,进行参观。剪彩之后,主人应陪同来宾参观被剪彩之物。必要时以自助餐款待全体来宾。

(2)服务礼仪要求。当主持人宣告进行剪彩之后,礼仪小姐即应率先登场。在上场时,礼仪小姐应排成一排行进。从两侧同时登台,或是从右侧登台均可。登台之后,拉彩者与捧花者应当站成一行,拉彩者处于两端拉直红色缎带,捧花者双手捧一朵花团。托盘者须站立在拉彩者与捧花者身后一米处,并且自成一行。

在剪彩者登台时,引导者应在其左前方进行引导,使之各就各位。剪彩者登台时,宜从右侧出场。当剪彩者均已到达既定位置之后,托盘者应前行一步,到达剪彩者的右后侧,以便为其递上剪刀、手套。

剪彩者若不止一人,则其登台时亦应列成一行,并且让主剪者行进在前。在主持人向全体到场者介绍剪彩者时,后者应面含微笑向大家欠身或点头致意。

剪彩者行至既定位置之后,应向拉彩者、捧花者含笑致意;当托盘者递上剪刀、手套时,亦应微笑着向对方道谢。

在正式剪彩前,剪彩者应首先向拉彩者、捧花者示意,待其有所准备后,集中精力,右手持剪刀,表情庄重地将红色缎带一刀剪断。若多名剪彩者同时剪彩,其他剪彩者应注意主剪者动作,主动与其协调一致,力争同时将红色缎带剪断。

按照惯例,剪彩以后,红色花团应准确无误地落入托盘者手中的托盘里,切勿使之坠地。剪彩者在剪彩成功后,放回剪刀、手套,举手鼓掌。接下来,可依次与主人握手道喜,并列队在引导者的引导下退场。退场时,一般宜从右侧下。待剪彩者退场后,礼仪小姐方可列队由右侧退场。注意退场时要井然有序、神态自然、不卑不亢、落落大方。

3.颁奖仪式

颁奖仪式是为了表彰、奖励某些组织和个人所取得的成绩、成就而举行的仪式,其礼仪主要有:会场布置;座位安排;颁奖程序。其中,颁奖程序中的环节最为重要。

大会开始前播放音乐,奏乐或敲锣打鼓欢迎授奖人员和来宾入座。组织负责人主持会议,宣布大会开始。有关领导讲话,介绍重要来宾,宣读颁奖决定和人员名单。举行颁奖时,由重要宾客、上级领导或本组织的负责人担任颁奖人,获奖人在工作人员的引导下,按顺序依次上台领取证书、奖杯。此时可奏乐或敲锣打鼓。如果是来访的外国领导人或知名人士获奖,最好有乐队伴奏,悬挂两国国旗。

颁奖时颁奖人面向公众,获奖人站在颁奖人对面接受奖品、荣誉证书、奖杯等。同时,双方互相握手示意、祝贺感谢。然后获奖人面向公众示意,或鞠躬,或挥手,或举起奖杯、奖状、证书等。接着,请来宾致辞,由颁奖人和获奖人先后致辞。最后,大会宣布结束,音乐、锣鼓再次奏响,欢送获奖人和全体来宾。颁奖仪式结束后,组织可安排一些文艺演出或播放影片助兴。

思考与练习

1.会议应具备哪些要素?

2.如何布置签字仪式的场地? 签字厅的座次如何安排?

3.剪彩是怎么形成的? 以班级为单位模拟一场开业剪彩仪式。基本要求:按照开业剪彩礼仪要求模拟布置场地;选出主持人、应邀前来参加开业的有关领导、各界友人、新闻记者、礼仪小姐等的扮演者,其他同学充当单位员工。从方案撰写、具体计划到实施过程,由同学合作完成。

4.在酒店中举办一场婚礼及婚宴的程序有哪些? 分小组查找相关资料写出婚礼策划书。

5.一家企业将要进行开业庆典并剪彩,分小组查资料为该企业写出庆典策划书。

附:

会议服务礼仪基础流程

会议主题:

会议地点:

会议时间:

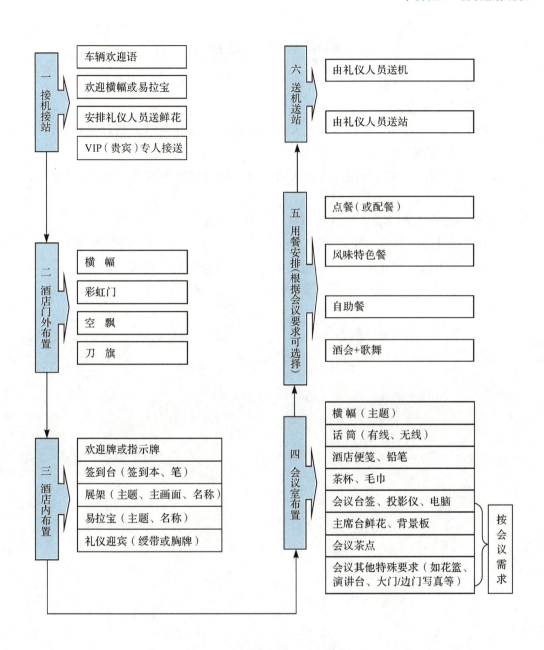

一　接机接站
- 车辆欢迎语
- 欢迎横幅或易拉宝
- 安排礼仪人员送鲜花
- VIP（贵宾）专人接送

二　酒店门外布置
- 横　幅
- 彩虹门
- 空　飘
- 刀　旗

三　酒店内布置
- 欢迎牌或指示牌
- 签到台（签到本、笔）
- 展架（主题、主画面、名称）
- 易拉宝（主题、名称）
- 礼仪迎宾（绶带或胸牌）

四　会议室布置
- 横　幅（主题）
- 话　筒（有线、无线）
- 酒店便笺、铅笔
- 茶杯、毛巾
- 会议台签、投影仪、电脑
- 主席台鲜花、背景板
- 会议茶点
- 会议其他特殊要求（如花篮、演讲台、大门/边门写真等）

按会议需求

五　用餐安排（根据会议要求可选择）
- 点餐（或配餐）
- 风味特色餐
- 自助餐
- 酒会+歌舞

六　送机送站
- 由礼仪人员送机
- 由礼仪人员送站

模块六
礼仪习题

模块七课前准备

1.预习模块七的内容。

2.情景设计准备。

(1)6～8人为一小组,扮演客人进入酒店入住登记或住店客人投诉的场景三个,分别为 A、B、C 方案。

(2)6～8人为一小组,扮演客人进入酒店餐厅用餐过程的场景两个,分别为 A、B 方案。

(3)课程综合实践准备——酒店婚礼的策划与实施。

①自拟婚礼主题并写出策划书。

②每人写出司仪词并进行展示,挑选婚礼课程综合实践的司仪。

模块七　酒店服务礼仪综合训练

知识目标——酒店各岗位的服务礼仪规范。

能力目标——能按照岗位服务礼仪规范在酒店各岗位上进行服务。

课前测试：

1.前厅中行李服务中礼仪规范要求是:门童迎客_____

客人乘车到酒店,门童_____

门童开车门护顶应注意_____

行李员引领客人并提客人行李_____

进入客房放行李_____;退出客房_____

客人离店行李员到客房_____

2.前厅接待:

客人进店,前厅接待服务员目光_____;表情_____

_____;语言_____

客人办理住店、离店手续时,前厅接待服务员目光_____;表情_____

_____;语言_____;递接物品_____;办理速度_____

前厅接待服务员办理投诉时在礼节上应注意_____

3.客房:

服务员进行客房清扫时应注意_____

房务中心服务员接听电话时应注意_____

在客房走廊里碰到客人时应该_____

4.餐厅服务员:

引领客人_____

点菜时_____

上菜时_____

撤盘时 _____

结账时 _____

送客人时 _____

客人仅仅是来询问餐厅事宜时 _____

5.康乐服务员：

在客人比较多的时候,应该 _____

在卡拉 OK 厅为客人服务酒水时采取 _____

姿态。

客人为什么又留下了

  一个下雨的晚上,机场附近某一大酒店的前厅很热闹,接待员正紧张有序地为一批误机团队客人办理入住登记手续,在大厅的休息处还坐着五六位散客等待办理手续。此时,又有一批误机的客人涌入大厅。大堂经理小刘密切注视着大厅内的情景。"小姐,麻烦你了,我们打算住到市中心的酒店去,你能帮我们叫辆出租车吗?"两位客人从大堂休息处站起身来,走到小刘面前说。"先生,都这么晚了,天气又不好,到市中心去已不太方便了。"小刘微笑着想挽留住客人。"从这儿打的士到市中心不会花很长时间吧,我们刚联系过,房间都订好了。"客人看来很坚决。"既然这样,我们当然可以为您叫车了。"小刘彬彬有礼地回答道。她马上叫来行李员小秦,让他快去叫车,并对客人说:"我们酒店位置比较偏,可能两位先生需要等一下,我们不妨先到大堂等一下好吗?""那好吧,谢谢。"客人被小刘的热情打动,然后和她一起来到大堂吧休息处等候。

  天已经很黑了,雨夹着雪仍然在不停地下,行李员小秦始终站在路边拦车,但十几分钟过去了,也没有拦到一辆空车。客人等得有些焦急,不时站起身来观望有没有车。小刘安慰他们说:"今天天气不好,出租车不太容易叫到,不过我们会尽力而为的。"然后又对客人说:"您再等一下,如果叫到车,我们会及时通知您的。"又是15分钟过去了,车还是没拦到。客人走出大堂门外,看到在风雪中站了30多分钟脸已冻得通红的行李员小秦,非常抱歉地说:"我们不去了,你们服务这么好,我们就住这儿吧,对不起。"另一位客人亲自把小秦拉进了前厅。

  练习:请指出案例中应用的礼仪环节: _____

案例分析：

什么是礼仪？仅知道回答是不够的，面对走进酒店但不住店，还要让酒店给予叫车服务的客人，酒店大堂经理表现出了良好的礼仪素养，在酒店无法产生利润的情况下为客人服务，同时行李员小秦也表现出了良好的职业素质，将满足客人的需求放在第一位。正是这样以心换心的真诚和职业素养感动了客人，得到了客人的认可，客人才转向这家酒店入住，为酒店带来了效益。

 知识储备

一、概　述

酒店服务礼仪，是指在酒店服务工作中形成的在自己的工作岗位上向客人提供服务时的共同认可的礼节和仪式，它伴随着服务标准的展示，贯穿在服务流程之中，是衡量酒店服务质量的重要标志之一。在酒店各部门各岗位的服务中，服务礼仪的主要体现是礼仪服务，客人至上，目的是使客人有宾至如归的感受。

二、酒店各岗位服务礼仪规范

（一）前厅服务礼仪规范

前厅服务是酒店服务的第一站及最后一站，客人对酒店的第一印象、酒店服务质量的优劣以及最后的满意程度，都与前厅服务相关。因而，前厅服务礼仪的好坏对客人的心理影响至关重要。而服务礼仪又与服务标准密切相关。服务人员应熟悉前厅各岗位的服务标准与流程，在应用服务礼仪方面主要是要有强烈的服务意识、耐心细致的观察、微笑、目光、良好的仪态及亲切规范的服务语言。

前厅服务礼仪规范

1. 迎宾服务

（1）规范特色、符合酒店形象的接应牌（欢迎牌）；符合客人要求的接送车辆。

（2）接站人员应提前到达指定地点迎候客人，平稳举拿标志牌，抬头挺胸，站姿端正，微笑着目视出站口。

（3）见到客人应主动问候，应正确称呼客人的姓名或职务，得体地进行自我介绍。

（4）为客人提拿行李时，应轻拿轻放、保证完好，在尊重客人意愿的前提下提供行李服务。为客人引路时，接送人员应与客人保持适当的距离，应根据客人的性别、职位、路况和环境等因素选择合适的站位和走位。

（5）接送人员应根据不同车辆选择合理的站位,迎送客人上下车。安排座位应符合座次礼仪并照顾客人的意愿。开关车门动作应轻缓,应适时为客人护顶,护顶时应尊重客人的宗教信仰。

（6）与客人告别时,接送人员应保证客人的行李准确完好,应根据客人的走向随时调整站位,微笑着注视客人,祝客人一路平安。客人走出视线后再转身离开。

2. 行李服务

（1）车辆驶近饭店大门时,门童应主动迎上前去,用规范的手势引导车辆停靠在方便客人上下车和行李运送的地方。下雨时,应带着雨伞迎候在无雨棚区域下车的宾客。为客人打开车门时,应站在车门一侧为客人护顶、撑伞,护顶时应尊重客人的宗教信仰。

（2）车辆停稳后,门童应按照座次礼仪拉开车门。如果客人乘坐的是出租车,应等客人付账后再拉开车门,微笑着注视客人,亲切地问候客人。客人上下车时,门童应适时为客人护顶,护顶时应尊重客人的宗教信仰。

（3）装卸行李时,应轻拿轻放,数量准确,摆放有序,并得到客人的确认。应保证随身行李不离开客人的视线范围。

（4）引领客人前往接待台进行入住登记时,行李员应用外侧手提拿行李,在客人侧前方行走,并时常用规范的手势示意客人前行的方向。

（5）客人办理入住登记手续时,行李员应站在一米以外,站姿端正,注视客人,随时等候为客人服务。

（6）引领客人去客房时,行李员应靠边侧前行,并与客人保持适当的距离。

（7）到达客房后,行李员应按照客人的要求摆放行李。行李的正面应朝上,提手应朝外。应让客人确认行李的数量和完好状态。

（8）离开客房到门口时,行李员应面对客人退出客房,与客人告别,轻轻关上房门。

（9）客人离店需要行李服务时,行李员应准时为客人提拿行李,并将行李整齐摆放在客人指定的地点。

3. 前台接待服务

（1）接待员、收银员见到客人应主动问候。获知客人姓名后,应用姓氏或尊称称呼客人。及时用目光与客人交流。

（2）接待员介绍饭店产品时应实事求是,用恰当的语言,站在客人的角度,为客人提供参考建议。

（3）回答客人询问时,应有问必答,态度和蔼。对不了解的事情,应向客人表示歉意,表现出愿意帮助客人的意愿,并提供后续服务。

（4）对住店客人和非住店客人应一视同仁，对客人的光临应致以真诚的谢意，感谢客人提问，欢迎客人再次光临。

（5）收费结账时，服务员应耐心细致、准确快捷。用现金结账的，应让客人核实收付金额，保证账目准确。

（6）收银员应将账单、发票装入信封，用双手呈递给客人，请客人确认无误。

（7）结账完毕，收银员应真诚地向客人表示感谢，欢迎客人再次光临，目送客人离开。

（8）对前来投诉的客人，一定要耐心倾听，尽量解决。解决有困难的，也要用平和的语音语调向客人说明。

4. 总机服务

（1）话务员接打电话时，应使用普通话或相应外语。发音清晰，语调柔和，语速适中，音量适宜，语言简练，表述准确，耐心倾听。

（2）电话铃响 10 秒内，话务员应及时接听电话，先问候客人并报饭店名称。

（3）转接电话时，如果无人接听或电话占线，话务员应及时告知来电者，并主动提供留言服务。

（4）转接外线电话时，话务员应保护住店客人的私人信息。

（5）提供叫醒服务时，话务员应保证在预订的时间准时叫醒客人。叫醒的语言应简练，语音甜美柔和。

5. 商务中心服务

（1）商务中心服务员要热情主动接待客户，微笑问候，尊重客人的意愿。

（2）在同时接待数位客户时，应一一向各位打招呼致意，要忙而不乱，有条有理，注重信誉，确保质量，按规定收费，并代客保密。

（3）承办电传、传真、打字、复印、翻译、快递、代办机车船票等项业务，要做到准确、快捷、细心、周到，应将客人的文件码齐，向客人递送文件时，应微笑着注视客人，用双手递送。对一些业务要进行登记记录，便于查证。

（4）商务中心环境要卫生整洁，整体布置井然有序，使客人有舒适、方便和依赖感。

（二）客房服务礼仪规范

客房是酒店的一个重要组成部分，它为宾客提供 24 小时服务，客房也是客人临时的家，是客人在酒店中逗留时间最长的地方。客房的清洁卫生程度、安全状况、设备与物品的配置，服务项目是否周全，服务人员的服务态度和服务水准如何等，都是客人关心的地方，并直接影响客人对酒店的印象。

客房服务礼仪规范

1. 客房服务

（1）进出客房的礼仪

⊙敲门。进房前一定要先敲门，正确的敲门方法是：用食指关节，力度适中，缓慢而有节奏地敲门。每次一般为三下，敲两次，即"咚、咚、咚"，"咚、咚、咚"。如果按门铃，应在三下之间稍稍停顿，不可按住不放。当听到客人的肯定回答或确信房间里无人时，方可进入。

⊙进门。敲门时，门已开或者客人来开门，要有礼貌地向客人问好，并征得客人允许，方可进入。敲门时，房间内无人应答，服务员进门以后若发现客人衣服穿戴整齐，要立即向客人问好，并征询客人意见，是否可以开始工作，提供服务；若发现客人衣冠不整，应马上道歉，退出房间，把门关好。若房间门上挂着"请勿打扰"牌，则不应打扰。若"请勿打扰"挂牌超过下午2点，由客房服务员通知客房部主管或大堂副理，打电话询问客人并定出整理房间的时间。若房间内无人接电话，则由客房部主管、大堂副理、保安人员一起开门入房。若有异常现象，则由大堂副理负责协调处理。若客人忘记了取下"请勿打扰"牌，则客房服务员可以安排房间清理，并留言告诉客人。

⊙离开。离开客房时要说声"对不起，打扰了，谢谢！"，然后有礼貌地后退一步，再转身走出房间，将门轻轻关上。

（2）客房整理的礼仪

客房的整理一般一天至少三次——上午、中午、晚上各一次，同时应尽量避免客人在房间时进行整理。

上午一般在客人用餐或外出时按"住房清扫程序"进行全面整理：拉开窗帘，清扫房间，整理或拆换卧具，补充茶叶、文具、卫生纸等各种生活用品。在撤换床上卧具时，要注意客人的钱包、手表、手机等物品，防止整理时摔坏或裹走。收拾桌面时，画册、文件、书报、化妆品或较贵重的物品，只稍做整理即可，不要弄乱，也不允许翻动。桌上的纸条、旧报纸、花束等没有客人的吩咐，切勿随便扔掉。

中午在客人用餐时或午间休息起床后，进行一次小整理：倒垃圾、换烟缸、整理床上卧具等。

晚间利用客人用餐时间到房间做夜床，并再一次进行小整理。客人就寝前要拉好窗帘，被子上半部撩开呈45°，把拖鞋摆放在沙发的右侧，打开床头灯。

⊙客人在房时。服务员应礼貌地询问客人此时是否可以整理房间。在清理过程中，房门应完全敞开，动作要轻，要迅速，不要东张西望，不要与客人长谈，不得向客人打听私事。如果客人挡道，要礼貌地打招呼，请求协助。如果客人问话，应礼貌地注视客人并回答，遇到来访客人，应主动询问客人是否可以继续清理。清理完毕，向客人道谢，并主动问客人是否需要其他服务，再次向客人道谢，然后退出房间，并轻声关上房门。

⊙客人回来时。要有礼貌地请客人出示房间钥匙或房卡,确定这是该客人的房间,询问客人是否需要稍后再整理房间,如可以继续清理,并尽快清理完,以便客人休息。

⊙客人外出时。在服务过程中,必须把门完全开着,不得擅自翻阅客人的文件、移动客人物品,打扫后将物品放回原处,切勿移位或摔坏,不得在客房内看电视、听音乐、翻阅报刊或使用电话等,更不能接听客人的电话。

2.房务中心服务

房务中心正如客房部的一颗心脏,主要是通过电话为客人解决各种问题,工作虽小而烦琐,但重要程度不可忽视,与前厅收银、前厅接待一样是 24 小时运转。作为一名房务中心的员工,主要遵循的电话基本礼仪有以下方面。

(1)接听电话前。要准备好笔和纸,并停止一切不必要的动作,带着微笑迅速接听电话,详细记录,迅速为客人提供各项服务。

(2)接起电话。要在铃响三声之内接起电话,尤其要避免说"喂",要主动问候,报部门名称和介绍自己,忌讳唐突地问"你是谁",要注意控制说话的音量。如果客人需要帮助,应尽力提供快速、切实的服务。

(3)打电话。在打电话前要列出要点,并确认电话号码无误。如若打错了电话,应该及时致歉。一经接通电话,应立即报部门并自我介绍,然后再转入正题。

3.洗衣服务

(1)时间确定。首先要了解客人需要在什么时间内完成,如果在正常的特快洗衣时间内,应立即通知洗衣房进行洗涤。如果客人要求在极短的时间内完成,服务员应先跟洗衣房联系再决定是否洗涤。

(2)检查需洗衣服。客人需要送洗的衣物,应认真核对件数、质料、送洗项目和时间,检查口袋里有无物品、纽扣是否脱落、衣物有否破损或严重污点等。如是,应及时当面向客人指明,并在洗衣单上注明。

(3)送洗。应将洗烫完毕的衣物及时送回客房,当房门挂有"请勿打扰"牌时,可将特制的说明纸条从门缝处塞进去,以告知客人送洗的衣物已在楼层服务处,请客人方便时取回或通知服务员送进房。当客人提前离开饭店而衣服还未洗好时,不管是何种原因服务员都应该向客人道歉,将衣服的洗涤情况向客人说明。如果时间来得及,应该马上洗好送到客人房间。如果时间来不及,也应该包装好送到客人的房间,根据衣服洗涤情况给客人酌情减免洗衣费。

4.公共区域服务

公共区域服务是一项复杂、细致、专业性很强的工作,公共区域服务员要身穿工作识别服,工作中要精神饱满,表情自然,动作利索。

(1)"六要"。在工作中要提醒客人留意,给客人带来不便时,要使用"请当心""劳驾""打扰您了""多谢"等礼貌用语；在大堂用尘拖清扫浮灰时，要随时留意周围走动的行人，见客人走来要主动让道，不妨碍他人的活动；清除烟灰缸、废纸杂物，次数要勤，操作要轻，客人在旁，要微笑点头示意，礼貌问候，说声"您好"。

（2）"六不要"。在工作时，不要与他人闲聊或大声说话，夜晚讲话要轻声细语，不影响客人休息；在过道内行走，不要并行；遇急事不要奔跑，以免造成紧张气氛；不要先伸手与客人握手；与客人不要过分亲热，逗弄或抱客人的小孩；与客人接触，以礼相待，不得有粗俗之举；在过道中与客人相遇，不要与客人抢行，也不要从正在谈话的客人中间插过，如果手持重物或推车需要客人让道时，应有礼貌地打招呼并向客人致歉。

5. 特殊情况下的客房服务

（1）客人财物在客房内丢失时，应派人及时到达现场，安抚客人，及时提供帮助，并尽快进行调查，将处理结果通知客人。

（2）客人损坏酒店物品时，应派人及时到达现场，首先查看客人有否受伤，再看物品损坏情况，查明物品损坏原因，及时修补可更换物品，并根据实际情况处理索赔。

（三）餐饮服务礼仪规范

餐厅在酒店当中扮演着非常重要的角色，不仅餐饮部的收入在酒店收入当中占了相当大的比例，同时餐厅本身也是酒店营销的招牌。餐厅服务质量的好与坏，将直接影响客人对酒店的评价。礼节礼貌是餐饮服务当中不可或缺的一部分，它渗透在餐饮服务的方方面面，贯穿于餐饮服务的始终。在餐厅服务中，从经理到员工，每个

餐饮服务礼仪规范

人都是"礼仪大使"，每个人都必须把顾客放到"贵宾"的位置上来对待。

1. 中餐厅

（1）引领服务的礼仪

⊙问好。餐厅营业前20分钟左右时，餐厅领台员就要到位，站立于餐厅门口的两侧或餐厅内便于环顾四周的位置。客人进入餐厅，领台员要使用敬语，笑脸迎客，并主动上前热情问候："欢迎您！"如果是正餐服务时间，应有礼貌地询问客人是否有预订，并询问人数。如果是一位客人独自来到餐厅，领台员应说"欢迎您"；如果是男女宾客一起进来，领台员应先问候女宾，然后再问候男宾；对于进入餐厅的年老体弱的客人，要主动上前照顾、搀扶。用餐高峰时，如果餐厅内暂无空座，要向宾客表示歉意，说明情况；如果客人因故不能耽误，而要离去时，领台员要热情相送；如果客人表示可以等候，应请客人暂坐，而不要让客人站在那儿干等。

⊙引座。领台员应根据客人的人数及不同的就餐需求安排合适的就餐座位。客人初来可能对餐厅环境不太熟悉，所以，引座员应走在客人左前方一米左右，目的是

为客人指引方向,并对客人招呼:"请跟我来!请跟我来!"同时伴以手势。手势要求规范适度,在给客人指引大致方向时,应将手臂自然弯曲,手指并拢,手掌心向上,以肘关节为轴,指向目标,动作幅度不要过大过猛,同时眼睛要引导客人向目标望去。这时切忌用一根手指指指点点,显得很不庄重。引领过程中,应不时回头面带微笑示意客人。到达客人的座位时,引座员要用双手将椅子拉出,右腿在前,膝盖顶住椅子后部,待客人屈腿入座的同时,顺势将椅子推向前方,推椅子动作要自然、适度,注意与客人的密切合作,使客人坐好坐稳。如有多位客人就餐,应首先照顾年长者或女宾入座。离开时,记得对客人说:"祝大家(各位)用餐愉快!"视情况,引座员还需要帮助客人提、放、存随身物品。

(2)点菜服务礼仪

当客人进入餐厅服务区域时,值台员要自然站立,挺胸直腰,见客人走近时应面带微笑,向客人微微点头示意,并热情问候:"您好,欢迎光临!"问候时应注意客人的鼻眼三角区,上半身微向前倾,并与引座员一起完成拉椅让座服务。

⊙上茶。客人坐下后,根据餐厅的备茶种类,主动询问客人需要哪种茶水:"您好,请问您要喝点什么茶?我们这里有……"随后,可以为客人冲泡客人选择的茶水。一般来说,茶水斟倒七分满就可以了。为客人递送茶水时,应将茶杯的柄转到客人方便拿取的角度。

⊙点菜。在斟倒茶水前,可以将餐厅的菜单递给客人。递送菜单时,态度要恭敬,不可将菜单往桌上一扔或是随便塞给客人,不待客人问话即一走了之,这是很不礼貌的举动。如果男女客人在一起用餐,应将菜单先给女士,如很多人一起用餐,则最好将菜单递交给主宾,然后按逆时针方向绕桌送上菜单。客人点菜时,服务员不要站在通道边上或妨碍其他服务员和客人的地方。注意点菜时的位置及仪态,通常站在客人的左边介绍菜式。站立姿势要端正,距离要适度,不要催促或是以动作如敲敲打打等来显示不耐烦,不要双手环抱于胸前或叉腰,也不要手扶桌面或椅背,切忌手搭在椅子上或脚蹬在椅子上摇晃,使客人有如坐针毡之感。点菜服务过程中,要一直面带微笑,并做到有问必答,回答时要言简意赅、亲切大方。若遇客人点菜犹豫不决,则应主动根据客人的时间、人数、大致身份、性别、年龄、国籍、季节等不同的具体情况,向客人介绍本餐厅的特色菜,最近的美味时令菜、新菜等,也可根据客人不同的就餐目的为其当好参谋。

当回答客人征询意见、介绍和推荐本餐厅特色和时令菜肴时,要尽量介绍一下所点菜肴的烹制时间,以免客人因久等而不耐烦。同时要注意观察,揣摩客人的心情和反应,察言观色,不要勉强或硬性推荐,尤其是当客人点了价格较为便宜的菜时,要保持神色依旧,不能因此而流露出鄙夷的神情或开始在态度上有所怠慢。还要讲究说话方式,比如不要讲:"这个菜您吃不吃?这一道菜是很贵的!"

等待客人点菜时,精力要集中,随时准备记录。同客人谈话时,上半身略微向前倾,始终保持笑容,客人点的每道菜和饮料都要认真记录,防止出现差错。

若遇客人所点菜肴没有现货供应时,不要不假思索地予以回绝,应礼貌道歉,求得客人谅解,并尽量替客人想办法,可以这么说:"真对不起,这道菜今天没有,要么我去与厨师长商量一下,看能否尽可能满足您的要求?"

客人点菜完毕,要在客人面前重新将所点菜肴报一遍,以免出错。

(3)上菜服务礼仪

⊙上菜。服务员上菜时要选择操作位置,上菜的位置要在陪同人员座位之间,一般不要在主宾和主人之间。上菜时由于会影响到旁边的客人用餐,为了避免客人不注意碰到菜肴,一般应事先打声招呼"对不起,打扰您了",然后才可以上菜。

需要注意的问题有:①上菜姿势要规范;②上菜顺序要正确,先酒后菜,先冷菜后热菜,先咸味菜后甜味菜,先厚味菜后清淡菜,先炒菜后汤菜,先荤菜后素菜,先酒菜后饭菜,先菜肴后点心、水果;③上菜的速度要控制。上菜前,要在菜盘中放一副大号叉、勺,服务员双手将菜放在餐桌的中央,同时报上菜名,报菜名时应吐字清晰、音量适中。必要时,简要介绍所上菜肴的特色典故、使用方法、风味特点等,然后请宾客品尝。注意,说话时切不可唾沫四溅,以免有煞风景。有的风味食品如需要较为详细的介绍,服务员应事先征得客人同意后,方可介绍。

如果餐厅客人较多,较为集中,可以事先与客人打声招呼:"对不起,先生,今天客人集中到达,出菜速度可能会慢一些。"这种主动服务会使客人提前做好心理准备,哪怕真的上菜慢了,客人一般也不会计较。上菜完毕后,一定要和客人说一句:"先生(小姐),您的菜齐了!"

⊙撤盘。必须征得客人的同意后才能收撤菜碟,当然,空盘除外。撤盘时,小盘应从客人的右侧收撤,大盘从上菜口收撤。收撤过程中,忌讳当着客人的面刮盘子,如果客人将空盘递过来,要及时道谢。

(4)席间服务礼仪

在客人进餐过程中,服务员应积极为客人添加饮料酒水,及时更换烟灰缸,若有客人弄湿或者弄脏桌布,应及时用餐巾覆盖,及时处理客人添加菜肴和酒水的要求,积极回答和处理客人提出的有关服务和菜肴的问题。

在客人相互交谈时,服务员应做到不旁听、不窥视,更不能随便插嘴,如果有事也不要骤然打断谈性正浓的客人,可停在一旁目视客人,待客人意识到有事时,向客人道声"对不起,打扰您的谈话了",然后再说事情。

如果客人不慎将餐具掉落在地上,应迅速上前取走,并马上为其更换干净的餐具,绝不可在客人面前用布擦一下再拿给客人继续使用。如果有客人的电话,应轻轻走到客人身边,轻声告诉客人,不可图省事,而在远处大声叫喊。

服务人员在餐厅服务时,应做到"三轻",即走路轻,说话轻,操作轻。取菜时要做到端菜平稳,汤汁不洒,走菜及时,不拖不压。从餐厅到厨房,力求做到忙而不乱,靠右行走，不冲、不跑，不在同事中穿来穿去，走菜时要保持身体平稳，注意观察周围的情况，保证菜点和汤汁不洒、不滴，将菜盘端上来放到餐桌时，不能放下后推盘，撤菜时应直接端起，而不能拉盘。

在餐厅内，当着客人的面，餐厅内部员工之间也要养成相互问候、打招呼的习惯，服务人员彼此之间说话要自然、大方地使用客人能听懂的语言，切忌当着客人的面咬耳朵、说悄悄话，对国内客人应一律使用普通话，对外宾则要使用相应的外语，不允许使用家乡话或客人听不懂的语言说三道四。

(5)结账服务礼仪

客人就餐结束时，要及时送上账单。这里要注意就餐客人的特点，然后来判断菜单应该交给谁。若是一对夫妻，账单一般先给男方；几人同时用餐，应问清楚客人是一起结账还是分开。无论是送账单还是找零，都应该使用小托盘。钱款一定要当面结清，尽量不要把很破旧的或者很零碎的钱找给客人，以示对客人的尊重。账单一定要准确，不要犯错甚至故意犯错，给客人留下故意占便宜的印象，造成客人不满，失去熟客。

(6)送客礼仪

客人用餐完毕，领班或者主管应主动征求意见，这是了解客人对菜肴和服务意见的好机会，如果客人有意见，应该第一时间解决。当然，需要注意的问题是，客人结账不一定代表客人要离开，当然更不代表服务结束了，服务员应继续为客人服务，比如换烟灰缸、斟倒茶水等等，直到客人离开。

当客人站立时，本着女士优先的原则，值台员应马上帮客人拉椅子。客人在离去时，一定要记得提醒客人不要忘记随身携带物品，如果有可能，应该将客人送出餐厅门外，告别时应该面带笑容："再见，先生(小姐)，欢迎您下次再来！"

2. 西餐厅

(1)订餐服务

客人订餐、订座时，要做到迎接彬彬有礼，问候语言运用熟练、规范。详细询问客人订餐订座的内容并复述，订餐内容必须做到明确详细，以便事先做好安排。电话预订的情况同宴会服务礼仪。

(2)迎领客人

作为领位员，首先要安排餐厅座位。另外，对于餐厅的经营风味、食品种类、服务程序与操作方法也要熟记在心，以便在引领过程中做相应的介绍和推销。客人到来，领位员应微笑相迎，主动问好，对于常客以及餐厅的贵宾要称呼姓名。引导客人入座，遵守礼仪顺序。对于订餐、订座客人，应按事先安排引导其入座。要注意照顾老人、儿童、伤残客人。客人入座时，与值台服务员交接服务。

（3）餐前服务

值台服务员与领位员一起协助客人入座并主动问好，及时递送餐巾、香巾，热情询问客人餐前需要用何种饮料，然后根据客人选择递送饮料。整个服务过程要热情而不失规范。点菜前，先审视推敲哪位是主人并询问是否可以点菜，点菜时，要站在客人左边，并将菜单双手呈上，姿势端正，听清记准，必要时给客人一些恰当的建议，从而服务好客人点菜。

（4）点菜服务

作为西餐厅的值台服务员，对于菜单以及餐厅产品的种类、品种、价格、做法和营养价值等等一定要熟记在心，同时熟练掌握服务技巧，能够熟练运用英语为客人提供服务。客人审视菜单并示意点菜时，一旁站立的服务员应立即上前，询问客人需求，核实或记录点菜内容，注意客人所点的菜肴与酒水应匹配（要做到这点，必须对西餐厅常用酒水非常熟悉和了解），善于主动推销，主动介绍本餐厅产品的特色风味以及烹饪方法。

（5）上菜及席间服务的礼仪

⊙上菜。先上鸡尾酒或餐前饮料，然后按照西餐上菜顺序陆续上菜。一般来说，20分钟内第一道菜上桌，90分钟内所有菜点出齐。如果有些菜点制作过程较为复杂，要事先告诉客人大致的等候时间。上菜一律用托盘，托盘姿势要端正。热菜食品加保温盖。菜点上桌要报菜名并摆放整齐，然后为客人斟上第一杯饮料，示意客人就餐。上菜过程中，控制好上菜节奏、时间与顺序。

⊙席间服务。席间服务时，要照顾好每一位客人。客人每用完一道菜，都要及时撤下餐盘刀叉，清理好台面，摆好与下一道菜相匹配的餐盘刀叉。整个服务过程要做到动作细致、快速，符合西餐服务要求。斟酒及时。在客人用餐过程中，随时注意台面整洁。及时撤换烟灰缸，烟灰缸内的烟头不超过3个。上水果、甜点前，撤下台面餐具，所有服务及时周到。

（6）结账送客服务礼仪

客人用餐结束示意结账时，要及时准备好账单，账目记录清楚，放到账单夹中，然后用托盘送至客人面前。客人结账后，一定要对客人表示感谢并礼貌送客。客人离开后，快速清理台面，台布、餐巾、餐具等按规定收好，重新铺台，摆放餐具，3分钟内完成清台、摆台。整个过程要轻拿轻放，避免影响其他客人用餐。快速准备迎接下一桌客人。

3. 宴会

（1）宴会预订服务

⊙热情迎接。预订员应热情、礼貌地接待每一位前来预订的客人。若客人亲自前来，应立即起身相迎，请客人入座并奉上茶水和香巾，自报姓名和职务后询问客人尊姓大名;若客人是电话预订,应在电话铃响三声内接听并自报单位名称和自己身份,如"您好,这里是×××",然后询问客人尊姓大名。在得知客人姓名后,应以姓尊称客人。

⊙仔细倾听。当客人讲述预订要求时,认真倾听,并做好必要的记录,不要随意打断客人的谈话。同时,应主动向客人介绍本餐厅的设施和菜单、酒单,做好推销工作,并回答客人的所有提问。

⊙认真记录。向客人了解所有与订餐有关的要求,如日期、参加人数、餐饮形式、每人的消费标准,以及所需提供的额外服务和物品等,如专门的迎宾员、横幅、音响系统和鲜花等。

（2）迎接服务

迎宾员应该在宴会开始前15～20分钟到达大厅门口恭候迎接客人,多台宴会服务员应按指定位置站立,不得交头接耳或者倚台而站。客人到达时,应笑脸迎接客人并主动拉椅让座,然后送上毛巾、茶水。（这里不排除部分客人提前到达,那么就还需要提供休息室服务）

（3）餐前服务

宴会开始前10～15分钟,冷菜上桌,注意荤素间隔、色彩间隔摆放,若有冷盆,将花型正对客人和主宾。客人入座后,应在客人右侧从主宾处开始为客人拿出骨碟中的口布,打开铺好,然后撤筷套。同时了解客人在餐前是否需要讲话、发言的人数及大致时间,以便掌握好上菜时间。如果客人餐前没有讲话安排,那么可以征得主人同意即刻通知上菜。

（4）上菜分菜

⊙上菜。如果是多台宴会,每一道菜品出菜时,服务员都必须列队进入餐厅,主台服务员走在前列,上菜时要求动作统一,强调整体性。上菜过程要快慢适当,大型宴会一般视主台的用餐速度来控制上菜速度。菜从备餐间送到宴会厅,一般从正主位右手边第二与第三位客人之间将菜上席,让宾主观赏菜的造型并向客人介绍菜名或菜的烹制方法,声音要适度,以客人听清为宜（与零点餐厅要求一致）。

⊙分菜。菜要一道道趁热上,菜上台后才拿开菜盖,介绍菜名后才撤到分菜台上分菜。上菜前要先按每席宴会客人数将碟整齐地摆在服务台上,然后分菜。分菜时要面向客人,胆大心细,掌握好菜的分量,件数要分得均匀,并将碟中的菜全部分完。

多台宴会的分菜,要求各台的分菜速度一致,且其他台的分菜速度不能快过主台。

如果是席上分菜,则在上菜前将鲜花撤走,摆好公菜叉、勺及所需餐具。分完菜或汤后,应将菜递到客人面前,并做手势示意客人享用。

假如菜式或汤一次分不完,要主动分第二次。带汤汁的菜注意要将菜汁与菜一并分给客人,分给客人的菜碟上切忌有汁滴于碟边而直接递给客人。

上菜时，要按先主宾后主人的顺时针方向上到每位客人正前方席上，有装饰盘的上到装饰盘的正中央。

分完一道菜后，应抓紧时间做斟酒、换烟灰缸、收拾工作台等工作，不要一味站着等下一道菜。服务员之间要求配合默契，有整体意识，如A、B服务员，当A在上菜报菜名时，B不应站在A的背后，应巡视台面情况或斟酒水。

如果客人自己提出不需要分菜，那么应该满足客人的要求，不过汤和羹类则要分菜。

（5）席间服务

宴会期间，席间如有宾客致辞，应立即关掉背景音乐，并通知厨房暂缓、减速出菜，然后站立一边，停止工作（如后来的客人到，应保证客人有干净餐具和杯子可用，或应客人要求送上饮料，灵活掌握）。

如果是大型宴会，主宾或主人发表祝词时，那么主台服务员在托盘内准备好酒水，待客人讲话完毕时示意递给讲话人。当主人轮流到各台敬酒时，服务员应该紧随其后以便及时给主人斟添酒水。在客人敬酒前要注意杯中是否有酒，当客人起立干杯或敬酒时，应迅速拿起酒瓶或协助客人拉椅。

如果有两位服务员同时为一位客人服务，不应在客人的左右同时服务，令客人左右为难，应讲究次序。

收撤餐具时，无论客人碟里有否剩菜均应示意后再收。客人碟里的菜已吃完或不吃后要一起全部撤走，不可吃完一个撤一个。这样做还未吃完菜的客人会不好意思。

如客人挡住去路或妨碍你的工作时，应礼貌地说"请让一让，谢谢"，不能粗鲁地越过客人取物或从客人身边挤过。

不要由于求快而将物品堆积于工作台而疏于清理，这样反而不利于提高工作效率。当其上有骨头的骨碟每次撤出时，应先将骨头等杂物拿走，然后再叠在其他餐碟上，否则很容易因倾斜而跌落。

（6）宴会送别服务

宴会结束，客人离席时应主动上前双手拉椅送客，并提醒客人带齐随身物品，同时记得告别语："先生（小姐），非常感谢您的光临，祝您愉快，再见！"

如果是大型宴会，那么宴会结束后，服务员需列队在餐厅门口欢送。

（四）康乐服务礼仪规范

（1）康体游乐场所未开场前，应主动问候客人，耐心回答客人询问，并做到准时开场。如因超员需要限制游玩人数时，应向客人做好解释工作，并对客人的配合表示感谢。

（2）应随时巡视场地，主动为儿童和年纪较大的客人提供服务和帮助。救生员应随时观察场所内的状况，发现客人违反安全规定

康乐服务礼仪规范

时,应礼貌劝阻。

（3）进行场内的清洁消毒工作时,应尽量避免打扰客人。

（4）健身教练和球类项目服务员在对客服务时,应主动进行自我介绍,应准确称呼常客的姓名。

（5）指导客人训练或给客人作陪练时,应随时注意观察和掌握客人的锻炼情况,及时做好提醒和服务工作。

（6）服务员应向客人耐心介绍桑拿浴、温泉浴的洗浴方法和注意事项。对于无人陪同的年长客人或初次消费的客人等,应特别关注客人的安全。

（7）客人较多时,应主动疏导客人,使用规范的手势,礼貌地为客人引路。

（8）客人玩游戏机时,应主动提供换币服务。对于初来的客人,服务员应主动指导操作方法,介绍游戏规则。

（9）游戏机出现故障时,应真诚地向客人致歉,并及时给客人调换。

（10）在卡拉OK厅和舞厅,为客人服务酒水和小食品时,应根据服务场地的实际情况,采用正确的服务方式,避免遮挡客人视线。应主动为客人提供查找歌名和点歌等服务。

（11）应适时为客人提供饮品服务,根据需要更换烟灰缸、撤换杯具,不断巡视,随时满足客人的服务需求。

（12）在客人接受服务期间,应减少不必要的服务干扰。营业时间快结束时,应以礼貌的方式提醒客人,并继续提供服务,直至客人结账离去。

（五）其他服务礼仪规范

1.营销服务礼仪规范

（1）饭店营销部门的工作人员定期拜访客户时,应提前预约,着装整洁,主动进行自我介绍。与客人交谈时,应认真聆听,及时回应,并将手机调至静音状态。结束交谈时,应向客户礼貌致谢,对占用客户的宝贵时间表示歉意。

（2）宴请客户时,应提前到达就餐地点迎候客人。点菜时,应尊重客户的饮食习惯,不铺张浪费。

（3）带领客户参观饭店时,应提前准备,有序安排,引领礼仪应规范、到位。介绍饭店时,应实事求是,关注客户兴趣,把握时间,适时结束参观。

（4）营销人员在办公室接待来访客人时,应热情友好,落落大方。倒水、递名片、握手应符合礼仪规范。

（5）营销部预订员接听客人预订电话时,应根据客人需求推荐合适的产品,做到热情友好,善解人意。预订员收发业务信函时,行文应规范,称谓准确,回复及时,文字简练,通俗易懂。

（6）接待大型旅游团队时，负责协调关系的饭店相关营销人员，应提前做好接待准备工作，及时和领队、导游沟通，尽量节约客人的出行时间。

（7）饭店若安排人员提供拍照、摄像服务，应遇客礼让，提拿摄像器材规范到位，不妨碍客人行走和交谈。

（8）饭店有外事接待活动时，应派专人协调各项事宜。与客方会见、会谈时，主方与会人员身份应同客方与会人员身份对等，座次安排符合礼仪规范。交谈时，主方应认真聆听，积极回应。宴请客方时，应尊重客方饮食习惯，菜量适宜，避免浪费。主方敬酒布菜时，应把握尺度。主方与会人员就餐时应优雅大方，符合就餐礼仪。

2. 商品销售服务礼仪规范

（1）营业员应微笑问候前来浏览商品的客人，随时准备为客人服务。

（2）为客人服务时，营业员应善于观察客人的眼神和表情，把握时机向客人介绍商品。介绍商品应实事求是，不夸大其词。递送商品应符合递物礼仪规范。

（3）回答客人询问时，应亲切自然，有问必答。无法回答客人问题时，应向客人真诚致歉，并提供其他咨询途径。

（4）对购物客人和非购物客人，应一视同仁，不厚此薄彼。

（5）营业时间快结束时，营业员应继续耐心提供服务，直到客人满意离开。

（6）接待退换货的客人时，应真诚友善，按退换货制度热情、快捷地为客人办理退换货手续。

3. 残疾客人服务礼仪规范

（1）问候肢体残疾客人时，服务员应亲切友好，表情自然。客人乘坐轮椅的，应保证与客人目光平视。问候眼盲客人时，应在一定距离处通过声音提示让客人及时辨听周围情况，提示时，语气柔和，语调平缓，音量适中。问候聋哑客人时，应微笑着注视客人，通过眼神向客人传递平等、友好的信息。

（2）为肢残客人提供引领服务时，服务员应走最短路线，做到走平路时适当关注，走坡路时适当帮助。引领眼盲客人行走时，应事先征得其同意。向眼盲客人指示方向时，应明确告诉客人所指人或物相对于客人的方位，不使用指向不明的表述。

（3）引领残疾客人乘坐电梯时，服务员应适当关注肢残客人，积极帮助眼盲客人。引领眼盲客人上下楼梯或乘坐自动扶梯时，应先一步上下，然后回身照应客人。引领过程中，应不断通过声音提示和放缓脚步的方式，及时提醒眼盲客人前面的路况。

（4）引领眼盲客人入座时，服务员应把客人带到座椅旁，让客人自己调整桌椅间的距离。

（5）引领眼盲客人乘车时，服务员应告诉其车辆停靠的位置相对于客人的方位。开关车门、帮客人上下车、给客人护顶等，都应有声音提示。引导者与客人同车的，应向客人描绘沿途景色。

(6)给残疾客人办理入住登记手续时,服务员应主动协助残疾客人,优先、迅速办理入住手续。给残疾客人排房时,应尽量安排较低楼层或其他方便出行的无障碍客房。

(7)残疾客人到餐厅用餐时,服务员应将客人引领至方便出入且安静的餐位。为肢残客人服务时,餐具和食品应就近摆放。为眼盲客人服务时,应读菜单,并细致解释,帮助客人逐一摸到餐具的摆放位置。上菜时,应向眼盲客人描述菜肴的造型和颜色,告诉客人食物放置的相对位置,并随时帮助客人。

4. 其他对客岗位服务礼仪规范

(1)饭店保卫工作人员应着工作装上岗,站姿端正,配饰齐全。

(2)采购员在接待供应商时,应谦和有礼、热情大方。与客人交谈时,应将手机调至静音,认真倾听对方谈话。交谈结束后,应礼貌送别。

(3)车队司机应保证车辆干净整洁。接送客人时,应着装规范,提前到达,站立迎候,适时提供行李服务和护顶服务。应遵章守法,安全驾驶,按时将客人送达指定地点。客人到达目的地后,应提醒客人带齐物品,对客人乘坐本车表示感谢,目送客人离开后再上车。

(4)饭店总值班经理对客人应礼貌热情,对员工应关心体贴。应以身作则,言而有信。巡视检查员工工作时,应尊重员工劳动成果,应为下级排忧解难。处理各类突发事件和疑难问题时,应镇静自如,反应迅速,措施得当。

能力训练

项目一:前厅服务礼仪

1.重点练习:微笑、举牌、开车门、护顶、鞠躬、接打电话、倾听、目光、再见、引领、行李、上茶、下蹲、递物等动作。礼仪上主要练习问候礼、目光礼、微笑礼、鞠躬礼、握手礼、挥手礼、引导礼、座次礼、敬茶礼、告别礼、蹲姿礼、递物礼、称呼礼、介绍礼、倾听礼、礼貌语等;接受处理投诉时的礼节表现。

2.场景设计:将班级学生分为六组,第一组,接机、接站迎宾员礼仪训练;第二组,行李员迎宾、送客礼仪训练;第三组,前台接待礼仪训练;第四组,总机服务礼仪训练;第五组,商务中心服务礼仪训练;第六组,接受投诉时的礼仪训练。

(1)6~8人一组,一位是酒店的服务人员,其他人员是来酒店的客人。

(2)每组自行设计三种以上场景,互换角色进行训练,要求能灵活应用重点练习中出现的礼仪。

(3)互相点评,指出优点与不足,体验礼仪对服务流程的提升。

(4)互换小组内容再进行训练,让每一小组都能训练六组内容。

(5)请出表现优秀的小组为大家做示范表演。

(6)教师小结，课后每位同学写出实训报告及总结。

参考场景：

场景一：机场接送客人。客人共有五位，其中有一位年长者、两位女士、一位男士、一位六岁小女孩，女士有随身携带的行李。接送中应注意哪些礼节？若刚好遇上下雨呢？结合以上情况，重点练习护顶礼、微笑礼、乘车礼、问候礼、称呼礼、鞠躬礼、礼貌用语等。（提示：搀扶老人时须经同意；下雨天要撑伞迎送；贵重物品及女性随身物品不要替客人代劳）

场景二：客人进店和离店。三位男性客人乘坐出租车到达酒店（或离开酒店），行李员应注意哪些礼仪？若其中有一名残疾人又应该如何？重点练习引领礼、进出电梯礼、送别礼、礼貌用语等。

场景三：问询。一位客人进入酒店问询或转交物品；电话咨询酒店事宜。

场景四：接待、结账。单身女性客人入住酒店；两批客人同时要求入住；一男一女客人入住酒店，要求特别客房（如面湖、靠电梯、最高层等）；客人急着结账。重点练习目光礼、语音语调、递物礼、问候礼、致谢礼等。（提示：当单身女士入住酒店时，酒店应对她的安全负责，因而在入住登记时不要大声说出客人的房号）

场景五：商务中心。客人要求打/复印一份文件；为客人订票。重点练习文件内容保密、按时交付、递物品礼、称呼礼等。

项目二：客房服务礼仪

1.重点练习：敲门、进出房门、接听电话、取送洗衣、与客相遇。

2.场景设计：将全班同学分成四组。第一组，客房服务礼仪训练；第二组，房务中心礼仪训练；第三组，洗衣服务礼仪训练；第四组，公共区域服务礼仪训练。

(1)8～10人一组，每组选出一名组长。由组长组织小组成员对将要学习的内容进行预习，并根据自己的理解进行情景的设置、角色（客人、服务员）的分配、场景的布置以及模拟。采取一组模拟表演—其他三组点评—教师总结的教学程序。

(2)每组自行设计三种以上场景，互换角色进行训练。

(3)互相点评，指出优点与不足，体验礼仪对服务流程的提升。

(4)互换小组内容再进行训练，让每一小组都能训练四组内容。

(5)请出表现优秀的小组为大家做示范表演。

(6)教师小结，课后每位同学写出实训报告及总结。

参考场景：

场景一：假设客人需要整理房间，作为客房服务员接到任务后应如何提供服务？由第一组同学以模拟表演的形式展示优质的服务，重点练习敲门礼仪、进出房门礼仪。

场景二：假如你是一名房务中心的员工，接到客人请求帮助的电话，你如何展示电话礼仪？由第二组同学模拟表演，重点练习电话礼仪。

场景三：假设客人需要洗衣，作为客房服务员应如何向客人提供周到的服务？由第三组同学以模拟表演的形式展示贴心的服务，重点练习取送洗衣礼仪。

场景四：假如你在走廊上打扫卫生，正好有两位客人迎面走来，你应该如何面对？假如你在清扫过道时不小心弄脏了客人的衣服，你又该如何处理？由第四组同学模拟表演，重点练习与客相遇礼仪。

项目三：餐饮服务礼仪

(一)中餐厅服务礼仪

1.重点练习：引领服务礼仪；点菜服务中的目光、礼貌用语；上菜、席间、结账送客服务中出现的礼仪环节。

2.场景设计：将全班同学分成四组，第一组，引领服务礼仪训练；第二组，点菜服务礼仪训练；第三组，上菜和席间服务礼仪训练；第四组，结账送客服务礼仪训练。

(1)8～10人一组，每组选出一名组长。由组长组织小组成员对将要学习的内容进行预习并根据自己的理解进行情景的设置、角色(客人、服务员)的分配、场景的布置以及模拟。采取一组模拟表演—其他三组点评—教师总结的教学程序。

(2)每组自行设计三种以上场景，互换角色进行训练。

(3)互相点评，指出优点与不足，体验礼仪对服务流程的提升。

(4)互换小组内容再进行训练，让每一小组都能训练四组内容。

(5)请出表现优秀的小组为大家做示范表演。

(6)教师小结，课后每位同学写出实训报告及总结。

参考场景：

场景一：餐厅来了几位客人，作为餐厅引座员，你应该如何为这几位客人提供服务？由第一组同学以模拟表演的形式展示优质的服务。此处，可能会有多种情况，比如，客人是否有预订，客人有几位，客人属于哪种类型，喜欢哪类位置，等等，这些都是在引座服务礼仪当中应该体现出来的内容，本组同学在设计场景时必须将这些不同的情况展示出来。重点练习问候和引领服务礼仪。

场景二：你是餐厅的一名值台服务员，引座员已经将客人引到了你的服务区域，那么你应该如何在点菜过程中展示餐厅的服务礼仪？由第二组同学模拟表演，在组织和表演过程中特别需要注意的问题就是一定要针对客人的不同特点来展示点菜的服务技巧和服务礼仪，比如客人来自什么国家（地区），可能会有什么样的口味，客人是什么年龄层次，可能适合和喜欢哪类菜肴，等等。

场景三：你是餐厅的一名值台服务员，如何在为客人提供上菜和席间服务的过程中体现餐厅的服务礼仪？由第三组同学以模拟表演的形式来展示餐厅上菜礼仪和席间服务礼仪。除了正常的上菜和席间服务流程之外，不妨增添一些意外情况。比如，假设上菜时，客人正好一抬手将餐盘打翻了，你该如何处理？又假设客人要的啤酒正好销完，你要告诉客人，而客人却谈兴正酣。又或者，客人在用餐的过程中不慎打翻了酒水，你又该做何反应，等等。

场景四：你是餐厅的一名值台服务员，你服务区内一桌客人已经用餐完毕，这时，你应该如何为客人提供结账服务？结账完毕，你又将如何展示我们的送客礼仪？这里由第四组同学为大家编排演示。在本部分服务礼仪展示过程中，需要第四组同学尽量周密地去思考问题，最好不要漏下哪怕一点可能出现问题的细节。比如，万一你在收款服务中，收到了客人的假币，你该做何反应；或者，客人递给你的信用卡余额不足，你该如何处理；又或者，客人在离开餐桌时，顺手拿走了桌上精美的银质餐具，你又该做何反应；等等。因为只有将所有可能出现的突发情况都预料到了，我们展示给客人的礼仪才是最完美的！

（二）西餐厅服务礼仪

1.重点练习：订餐或订座服务中电话、面谈礼貌用语、引领、点菜、上菜、席间、结账、送客服务中的礼仪环节。

2.场景设计：将全班同学分成三组，第一组，订餐或订座和引领服务礼仪训练；第二组，点菜、上菜和席间服务礼仪训练；第三组，结账、送客服务礼仪训练。

（1）10人左右一组，每组选出一名组长。由组长组织小组成员对所训练内容进行预习，并根据西餐厅礼仪规范要求和自己的理解对所训练内容进行情景的设置、角色（客人、服务员）的分配和场景的布置，然后按照本组组织的内容进行模拟表演，由其他几组进行点评，并由教师做最后总结。

（2）每组可根据不同情况设计不同的场景并互换角色进行练习。

（3）各组互相点评，指出优点与不足，体验礼仪对服务流程的提升。

(4)互换小组内容再进行训练,让每一小组都能训练三组内容。

(5)请出表现优秀的小组为大家做示范表演。

(6)教师小结,课后每位同学写出实训报告及总结。

参考场景:

场景一:有客人在西餐厅订座或者订餐,你作为预订员该如何为客人提供服务? 客人的要求我们都能满足吗? 不能满足的话是否就会失去客人,你有没有其他方法挽留客人? 客人在预订的时间内如约前来,引座员该如何来体现西餐厅的引领服务礼仪? 万一客人在预订时间外前来,作为引座员又该如何处理,等等。请区别不同情况分别来展示西餐厅订座或订餐服务礼仪。由第一组同学组织并模拟表演。

场景二:你是西餐厅的一名值台服务员,引座员已经将客人引到了你的服务区域,那么你应该如何在点菜、上菜和席间服务过程中表现西餐厅的服务礼仪呢? 本部分内容由第二组同学组织并模拟表演,重点是点菜过程中服务员要做好菜肴与酒水的搭配推销,这就要求服务员对西餐的基本知识和酒水的基本知识做到详尽了解,只有这样,才能真正在模拟表演中最大限度地来展现西餐厅的服务礼仪。

场景三:你是西餐厅的一名服务员,在你服务区域内的一桌客人用餐完毕,示意结账,这时候你会如何处理? 如果在结账的过程中出现意外情况,又该如何处理? 结账完毕,送客离座时对服务员还有哪些礼仪要求? 会不会有意外情况发生? 万一发生意外,你该如何处理? 请第三组的同学完成本部分内容的模拟表演。

另外,由于本部分是西餐厅服务礼仪,所以要求每组同学能够用熟练的英语为客人提供如上服务,并注意涉外礼仪的应用。

项目四:宴会服务礼仪

1.重点练习:宴会布置场地礼仪环节;宴会预订过程服务礼仪、迎接和餐前服务、上菜分菜和席间服务礼仪、宴会送别服务礼仪。

2.场景设计:将全班同学分成五组,第一组,宴会预订礼仪训练;第二组,迎接和餐前服务礼仪训练;第三组,上菜分菜和席间服务礼仪训练;第四组,宴会送别服务礼仪训练;第五组,练习婚宴、答谢宴会、冷餐会的会场布置。

(1)8~10人一组,每组选出一名组长。由组长组织小组成员对将要学习的内容进行预习,并根据自己的理解进行情景的设置、角色(客人、服务员)的分配、场景的布置以及模拟。采取一组模拟表演—其他四组点评—教师总结的教学程序。

(2)每组自行设计三种以上场景,可以从正反两个方面进行强烈的对比性表演,以加深印象。互换角色进行训练。

（3）互相点评，指出优点与不足，体验礼仪对服务流程的提升。

（4）互换小组内容再进行训练，让每一小组都能训练五组内容。

（5）请出表现优秀的小组为大家做示范表演。

（6）教师小结，课后每位同学写出实训报告及总结。

参考场景：

场景一：假设你是宴会预订人员，在以下几种情况下你该如何展示服务礼仪的魅力：一是客人打来电话，要求预订；二是客人亲自前来要求预订。第一组同学根据这两种情况来设计安排场景，根据要求将宴会预订的服务礼仪表现出来。这里特别注意电话预订时对预订员声音的要求。

场景二：宴会即将开始，如何展示迎接和餐前服务礼仪。本部分内容由第二组同学模拟表演，在这个服务过程中，由于具体情况不同，对服务礼仪要求也不一样。比如在宴会开始前部分客人提前到达，如何来提供服务，客人安排了餐前讲话和没有餐前讲话时又该怎样服务等，所以第二组同学应该根据具体情况分别来表现迎接和餐前服务礼仪。

场景三：在宴会服务期间，应该如何通过上菜、分菜、席间服务等等来体现服务礼仪，这就要求第三组同学根据宴会服务要求以及服务过程中可能出现的各种情况来组织和安排服务场景。由于席间服务需时较长且情况多变，所以要求第三组同学在组织安排时，尽可能考虑周密，以便将席间服务礼仪尽可能完美地展现在大家面前。

场景四：宴会结束，客人离席，又该怎样来体现服务礼仪。请第四组同学根据宴会服务要求来完成本部分内容的编排和模拟表演。

同时要求学生查阅资料设计不同要求宴会的会场。

项目五：其他服务礼仪

1.重点练习：拜访、接待、递名片、电话礼仪、引领、握手、就餐礼仪、礼貌用语等。

2.场景设计：将班级学生分为五组，第一组，拜访客户礼仪训练；第二组，接待来客礼仪训练；第三组，接听客人预订电话礼仪训练；第四组，参观酒店礼仪训练；第五组，为残疾人服务礼仪训练。

（1）6～8人一组，一位是酒店人员，其他人员是来酒店的客人；或是酒店人员在营销、客户维护中的过程。

（2）每组自行设计场景，互换角色进行训练。要求能灵活应用重点练习中出现的礼仪。

（3）互相点评，指出优点与不足，体验礼仪对服务流程的提升。

（4）互换小组内容再进行训练，让每一小组都能训练各组内容。

（5）请出表现优秀的小组为大家做示范表演。

（6）教师小结，课后每位同学写出实训报告及总结。

进出电梯礼仪

项目六：专题仪式礼仪综合训练

1.重点练习：开业庆典仪式、剪彩仪式、婚礼仪式（含婚礼司仪主持）。

2.根据第五模块完成后给学生布置的任务进行专项训练模拟。

3.根据课时安排选取其中一项或全部项目进行训练。要求从策划、组织、实施、场地布置、角色扮演到现场控制等全部由学生自行完成，教师在其中只起指导、纠正、改进的作用。

处理客人投诉

一、投诉是如何产生的

当客人认为所付出的费用与得到的服务、产品质量不成正比，即认为所购买的酒店产品非所值时，就会产生投诉。

服务是酒店的主要产品，酒店通过销售服务、设施而营利。客人与酒店的关系是买和卖的关系，也是被服务与服务的关系。很多时候服务程序没有问题，仅仅是服务过程中的礼仪环节有不当之处就会产生投诉。因为到店客人以双方商定的价格来购买特定的服务产品，从而满足自身在物质上和精神上的需要。

二、投诉类型

1.对酒店工作人员服务态度的投诉

对服务员服务态度优劣的甄别评定，虽然不同消费经验、不同个性、不同心境的客人对服务态度的敏感度不同，但评价标准却不会有太大差异。尊重需要强烈的客人往往以服务态度欠佳作为投诉内容，具体表现为：

（1）服务员待客不主动，给客人以被冷落、被怠慢的感受。（如提出要求迟迟得不到回复）

（2）服务员待客不热情，表情生硬、呆滞甚至冷淡，言语不亲切。

（3）服务员缺乏修养，动作、语言粗俗、无礼，挖苦、嘲笑、辱骂客人。

（4）服务员在大庭广众下态度咄咄逼人，使客人感到难堪。

（5）服务员无根据地乱怀疑客人行为不轨。

2.对酒店服务效率低下的投诉

如果说以上投诉是针对具体服务员的,那么,以下内容的投诉则往往是针对具体的事件而言的。如餐厅上菜、结账速度太慢;前台入住登记手续烦琐,客人等候时间过长;邮件迟迟未送达,耽误客人大事等。在这方面进行投诉的客人有的是急性子,有的是有要事在身,有的确因酒店服务效率低而蒙受经济损失,有的因心境不佳而借题发挥。

3.对酒店设施设备的投诉

因酒店设施设备使用不正常、不配套、服务项目不完善而让客人感觉不便也是投诉的主要内容。如客房空调控制、排水系统失灵,会议室未能配备所需的设备等。

4.对服务方法欠妥的投诉

因服务方法欠妥,而对客人造成伤害,或使客人蒙受损失,也会导致投诉。如夜间大堂地面打蜡时不设护栏或标志,以致客人摔倒;客人延期住宿总台催交房费时,客人理解为服务员暗指他意在逃账;因与客人意外碰撞而烫伤客人等。

5.对酒店违约行为的投诉

当客人发现,酒店曾经作出的承诺未能兑现,或货不对版时,会产生被欺骗、被愚弄、不公平的愤怒心情。如酒店未兑现给予优惠的承诺、某项酒店接受的委托代办服务未能按要求完成或过时不复等。

6.对客人心理需求体会不够

在商务活动及人际交往过程中,进入酒店消费的客人来自天南地北、各行各业,由于酒店的规范化、标准化服务规则注重的是普适性,服务人员首先要遵守规则进行服务,因此易在个性化服务上有所欠缺,进而引起那些有个性化需求客人心理上的不适。因此,服务人员在服务过程中要细心体会来店客人的目的、心情、喜好等,除做好标准化的服务外,还应增加个性化的服务,掌握服务规则的适度弹性,在不违反法律法规及服务原则的基础上,尽量满足客人的心理需求,保证有温度的服务。

7.对商品质量的投诉

酒店出售的商品主要表现为客房和食品。客房有异味,寝具、食具、食品不洁,食品未熟、变质,怀疑酒水假冒伪劣等,均可能引起投诉。

8.其他(酒店方面的原因)

服务员行为不检,违反有关规定(如向客人索要小费),损坏、遗失客人物品;服务员不熟悉业务,一问三不知;客人对价格有争议;对周围环境、治安保卫工作不满意;对管理人员的投诉处理有异议等。

酒店受理客人投诉的主要场所在前台和餐厅。前台和餐厅是酒店直接对客人服务的营业场所,食客对食品质量的投诉往往是通过餐厅而非厨房,住客对客房设施的投诉往往是通过前台而非工程部,因此,前台、客房和餐厅的基层管理人员尤其需要了解投诉客人的心理活动,以便运用投诉处理技巧,妥善处理投诉。

三、客人投诉的方式

(1)直接向酒店投诉。

(2)不向酒店而向旅行代理商、介绍商投诉。

(3)向消费者委员会一类的社会团体投诉。

(4)向工商局、旅游局等有关政府部门投诉。

(5)向媒体投诉。

(6)运用法律诉讼方式起诉酒店。

四、正确对待投诉,找出原因

1.对待投诉的态度更多的是管理者的价值取向与引导

客人投诉不仅仅意味着客人的某些需要未能得到满足,投诉也是客人对酒店服务工作质量和管理工作质量的一种劣等评价。任何酒店、任何员工都不希望有客人投诉自己的工作,这是人之常情。然而,即使是世界上最负盛名的酒店也会遇到客人投诉。

站在维护酒店声誉的角度去看待客人投诉方式,不难发现,客人直接向酒店投诉是对酒店声誉影响最小的一种方式。酒店接受客人投诉能控制有损酒店声誉的信息在社会上传播,防止政府主管部门和公众对酒店产生不良印象。从保证酒店长远利益的角度出发,酒店接受客人投诉能防止因个别客人投诉而影响到酒店与重要客户的业务关系,防止因不良信息传播而造成的对酒店潜在客户的误导。直接向酒店投诉的客人不管其投诉的原因、动机如何,都给酒店提供了及时补救的机会。成功的酒店善于把投诉的消极面转化成积极面,通过处理投诉来促进自身工作,防止投诉的再次发生。正确认识客人的投诉行为,就是不仅要看到投诉对酒店的消极影响,更重要的是把握投诉所隐含的对酒店的有利因素,变被动为主动,化消极为积极。

(1)投诉是基层管理工作质量和效果的晴雨表,是提高基层管理质量的推动力。客人的投诉行为实际上是酒店基层管理质量的晴雨表,通过投诉,酒店可以及时发现自己发现不了的工作漏洞;通过投诉,可以鞭策酒店及时堵塞漏洞、对症下药,解决可能是长期以来一直存在着的严重影响酒店声誉的工作质量问题。即使是客人的有意挑剔、无理取闹,酒店也可以从中吸取教训,为提高经营管理质量积累经验,使制度不断完善,服务接待工作日臻完美。对第一线服务而言,基层管理的主要对象是服务员在服务现场的工作质量；对后勤部门而言，基层管理的主要对象为协同部门，确保酒店产品的整体质量符合要求。无论是一线还是后勤部门，都通过自己的工作与客人产生直接或间接的沟通，是客人心目中的"酒店代表"。从前台部的行李员、接待员、总机接线生，到客房部的服务员、工程部维修人员、保安部保安员；从餐厅领班、服务员到厨房各工序员工，到管事部、洗涤部各岗位人员，他们的工作态度、工作效率、服务质量和效果直接影响到客人是否产生投诉行为。

（2）宾客直接向酒店投诉，给酒店提供了挽回自身声誉的机会。客人在酒店消费过程中不满、抱怨、遗憾、生气动怒时，可能投诉，也可能不愿投诉。不愿投诉的客人可能是不习惯以投诉方式表达自己的意见，他们宁愿忍受当前的境况；另一种可能是认为投诉方式并不能帮助他们解除当前的不满意状态，一句话，投诉没有用。还有一种可能是怕麻烦，认为投诉浪费自己的时间，使自己损失更大。这些客人尽管没有去投诉，但他们会在酒店通过其他途径来进行宣泄，或自我告诫，以后不再到该酒店消费；或向亲朋好友诉说令人不快的消费经历。而这一切，意味着酒店将永远失去这位客人，酒店就连向这位客人道歉的机会也没有了，也可能因此损失一部分的潜在客人。

2. 投诉的原因

（1）酒店方面的原因。主要表现为消费环境、消费场所、设施设备未能满足客人的要求；员工业务水平低，工作不负责任，岗位责任混乱，经常出现工作过失；部门间缺乏沟通和协作精神，管理人员督导不力；对客人尊重程度不够；服务指南、宣传手册内容陈旧、说明不翔实等。

（2）客人方面的原因。主要表现为对酒店的期望要求较高，一旦现实与期望相去太远时，会产生失望感；对酒店宣传内容的理解与酒店有分歧；个别客人对酒店工作过于挑剔等。

客人投诉的表达方式一般分为：

⊙理智型。这类客人在投诉时情绪显得比较压抑，他们力图以理智的态度、平和的语气和准确清晰的表达向受理投诉者陈述事件的经过及自己的看法和要求，善于讲道理。这类客人的个性处于成人自我状态。

⊙火暴型。这类客人很难抑制自己的情绪，往往在产生不满的那一刻就高声呼喊，言谈不加修饰，一吐为快，不留余地。动作有力迅捷，对支吾其词、拖拉应付的工作作风深恶痛绝，希望能干脆利落地彻底解决问题。

⊙失望痛心型。情绪起伏较大，时而愤怒，时而遗憾，时而厉声质询，时而摇头叹息，对酒店或事件深深失望，对自己遭受的损失痛心不已，是这类客人的显著特征。这类客人投诉的内容多是自以为无法忍受的，或是希望通过投诉能得到某种程度的补偿。

五、处理投诉的原则

1.坚持"宾客至上"的服务宗旨

对客人投诉持欢迎态度,不与客人争吵,不为自己辩护,主动受理投诉、处理投诉,用礼仪礼貌表现自身修养,这本身就是酒店的服务项目之一。

如果说客人投诉的原因总是与服务质量有关的话,那么,此时此刻代表酒店受理投诉的管理人员真诚地听取客人的意见,表现出愿为客人排忧解难的诚意,对失望痛心者宽言安慰、深表同情,对脾气火暴者豁达礼让、理解为怀,争取完满解决问题,这本身就是酒店正常服务质量的展现。如果说投诉客人希望获得补偿,那么在投诉过程中,酒店能以最佳的服务态度对待,这对通情达理的客人来说,也算得上是某种程度的补偿。

2.注意兼顾客人和酒店双方的利益

管理人员在处理投诉时,身兼两种角色:首先,他是酒店的代表,代表酒店受理投诉,因此,他不可能不考虑酒店的利益。但是,只要受理了宾客的投诉,他同时也就成了客人的代表,既代表酒店同时也代表客人去调查事件的真相,给客人以合理的解释,为客人追讨损失赔偿。客人直接向酒店投诉,这种行为反映了客人相信酒店能公正妥善地解决问题。为回报客人的信任,以实际行动鼓励这种"要投诉就在酒店投诉"的行为,管理人员必须以不偏不倚的态度,公正地处理投诉。

六、对投诉的处理程序

1.一般处理程序

⊙ 倾听客人诉说,确认问题是否复杂,启动本程序处理。

⊙ 请客人移步至不引人注意的一角,对情绪冲动的客人或由外地刚抵埠的客人,奉上茶水或其他不含酒精的饮料,安定客人的情绪。

⊙ 耐心、专注地倾听客人陈述,不打断或反驳客人。用恰当的表情表达自己对客人遭遇的同情,必要时做记录。

⊙ 区别不同情况,妥善安置客人。对求宿客人,可安置于大堂吧稍事休息;对本地客人和离店客人,可请他们留下联系电话或地址。为不耽误他们的时间,请客人先离店,明确地告诉客人给予答复的时间。

⊙ 着手调查。必要时向上级汇报情况,请示处理方式,作出处理意见。

⊙ 把调查情况与客人进行沟通,向客人作必要解释。争取客人同意处理意见。

⊙ 向有关部门落实处理意见,监督、检查有关工作的完成情况。

⊙ 再次倾听客人的意见。

⊙ 把事件经过及处理整理成文字材料,存档备查。

2.快速处理程序

⊙专注地倾听客人诉说，准确领会客人意思，把握问题的关键所在。确认问题性质可按本程序处理。

⊙必要时察看投诉物，迅速作出判断。

⊙向客人致歉，做必要解释。

⊙请客人稍微等候，马上与有关部门取得联系。

⊙跟进处理情况，向客人询问对处理的意见，做简短祝词。

七、酒店投诉处理五字诀

如何正确对待、处理客人的投诉，以达到快速而又满意的效果呢？根据以往经验，可以将投诉处理的整个过程概括为五个字，即"听、记、析、报、答"。

听。对待任何一个客人的投诉，不管鸡毛蒜皮的小事件，还是较棘手的复杂事件，作为受诉者都要保持镇定、冷静，认真倾听客人的意见，要表现出对对方高度的礼貌、尊重。这是客人发泄气愤的过程，我们不应也不能反驳客人意见，这样客人才能慢慢平静下来，为我们的辩释提供前提条件。

记。在听的过程中，要认真做好记录。尤其是客人投诉的要点、讲到的一些细节，要记录清楚，并适时复述，以缓和客人情绪。这不仅是快速处理投诉的依据，也是为今后服务工作的改进作铺垫。

析。根据所听所写，及时弄清事情的来龙去脉，然后作出正确的判断，拟订解决方案，与有关部门取得联系，一起处理。

报。对发生的事情、作出的决定或是难以处理的问题，及时上报上级主管，征求意见。不要遗漏、隐瞒材料，尤其是涉及个人自身利益的方面，更不应该有情不报。

答。征求了领导的意见之后，要把答案及时反馈给客人。如果暂无法解决的，应向客人致歉，并说明原委，请求客人谅解，不能无把握、无根据地向客人保证。

思考与练习

1.什么是护顶礼？

2.酒店服务人员的礼仪基本要求是什么？

3.酒店处理客人投诉纠纷具有哪些礼仪要求？

4.根据你自己的特点，谈谈你与客人交流时常用的非语言沟通技巧。

5.请描述西餐餐具的摆放特点。

6.案例分析。

(1)住店客人李先生在晚上外出时，太太往房间打电话找他，当时客房服务员正在开夜床，听到电话铃声响，就接了电话，刚说"您好"，对方就挂断了电话。一会儿，李先生就打了投诉电话,诉说太太质问他为什么在房间里有女孩子接电话。请分析如何处理。

(2)某酒店接受了一个在 12 月 20 日召开学术会议的预订,会议代表在 20 日陆续报到。但原定在 19 日下午结束会议并办理离店手续的另一会议团却没有按时退房,造成学术会议部分客人不能入住,学术会议主办方向酒店提出投诉。请以前台人员的身份,分析上述危机事件,并写出处理危机的礼仪方案。

(3)中餐上菜时,为表示对主宾的尊重,是将菜直接放到主宾面前,还是上菜后先转一圈介绍菜品,再停留在主宾面前,为什么?

7.再次将第一模块中的个人形象测试做一遍,比较一下有何变化。

模块七
礼仪习题

综合训练

1.模拟前厅中客人进酒店、离酒店的礼仪服务。

2.模拟客人订房、咨询、找人等电话礼仪。

3.模拟客人进客房、离客房的礼仪服务。

4.模拟客人进餐厅、出餐厅的礼仪服务(中餐、西餐、自助餐、宴会、酒吧等)。

5.模拟客人住店流程中的礼仪。预订—迎接—前厅接待—入住房间—房间服务—餐饮服务—意外事故应对—结账—送客。

6.模拟一场酒店提供的派对礼仪服务(派对内容可根据时间自定,如圣诞、新年、化装舞会等等)。

酒店服务礼仪训练评价表

综合实践案例：酒店婚礼仿真实训

项目指导手册

专业：酒店管理　　　　　　　　　　　　班级：_____

项目名称：酒店婚礼策划与实施

指导教师：学校教师＋企业指导教师

一、项目实施意义及目标

绝大部分的婚庆过程都是在酒店、餐饮中完成的，如何在婚宴上突出酒店个性吸引客人，是酒店品牌与经营成功的很重要的方面。学生除了学习酒店前厅、客房、各式餐饮、娱乐等服务知识与技能外，还应该能胜任酒店各种活动中的各种岗位需要，如会议服务、休闲服务、婚宴服务等等。特别是现在婚宴服务市场日益增长，婚庆礼仪公司的需求也在增加，因而有必要在学校里学习实践这方面的知识，同时这也是对本课程知识的一次综合应用。为了响应学校"创新创业"教育，深化以培养具有创新创业能力高素质技能型人才为目标的系统化能力本位改革工程，我们针对酒店管理专业学生在酒店服务中需要综合实践的特点，加强对学生的综合实践指导，给予学生创业的能力。

本项目以模拟酒店婚庆服务为依托，在教师及企业团队的指导下创新性地让学生自行策划设计婚庆现场并完成整个婚礼服务过程，根据实际情况可进行西式、中式、中西式结合及集体婚礼的设计，学生在这一过程中得到团队合作能力、设计能力、灵活的服务能力、及时解决问题能力、沟通能力等各方面的提高，并体验能将理论应用于实际的成就感，增强专业学习的兴趣。

根据实际需要，本项目还可以涵盖"婚宴台型设计与布置""婚房设计"等子项目，其专业贴近度很高，可以充分锻炼学生的专业综合能力，并为指导学生创办婚庆公司打下基础。

项目实训目标：

1.明确目的，完成课程综合实训前的任务安排。

2.完成婚礼前的策划及实施过程中的服务技能。

3.完成婚礼中的婚宴设计及实施过程中的服务技能。

4.完成婚房的设计与布置。

5.培养团队沟通、协作及信息处理能力,体验团队管理过程。

6.完成课程综合实训报告及总结。

二、项目理念

学生主体　以学生为主体,进行全方位的学习与体验,观察、分析、总结以"酒店服务礼仪""前厅与客房实务""餐饮实务"等课程为基础的知识并进行实践应用。指导教师仅作为指导者出现。

实战性强　尽管是模拟,但学生从婚礼策划到组织实施都是全方位以真实的过程为目标开展实践活动,全面参与酒店婚庆活动各岗位的对客服务,体验与人合作的快乐,处理各种人际关系,感悟理论知识与实际操作的联系与提升,旨在让每一位学生快速成长。

综合性高　综合了"酒店服务礼仪""前厅与客房实务""餐饮实务"等多门课程的理论与技能知识,提升团队合作能力、观察及解决问题的能力、管理能力、总结能力及创新能力。(温馨提示:在这一综合实训中,学生往往很关注婚礼中"夫妻"的扮演者,恰恰相反,为整场婚礼服务的人员表现才是训练的重点,"夫妻"只是过程中的道具。)

三、组织实施

课程综合实践计划(1~2周)

项　目	时　间
项目意义与任务布置	1~4 课时
婚庆司仪训练	3~7 课时
婚礼总策划	3~7 课时
婚礼场地、婚宴、婚房策划	2~7 课时
婚礼场地设计布置	12~21 课时
婚礼情景模拟	6 课时
总　结	1~4 课时
合　计	28~56 课时

课程综合实践场地及设备

场地：200～300平方米实训教室。

设备：音响、视听设备、地毯、婚纱、西装、蛋糕等，其他可根据具体婚礼进行主题准备。（如气球、彩带、花、礼炮、彩纸等等，以免费、环保材料为首选，也可让学生去联系赞助商，锻炼学生的社交协调能力。相信学生，潜力无限，惊喜连连。）

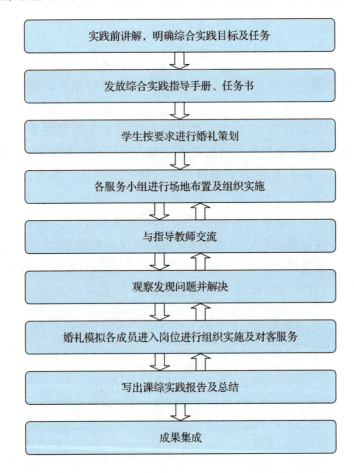

四、考核

实行过程管理与考核

项　　目	考核分值比例
婚庆司仪训练	20％
婚礼策划	20％
婚礼场地设计布置表现	30％
婚礼情景模拟	30％

另附项目评价：

本项目的评价由教师和组长共同对小组成员进行过程评价，并结合各组的最终成果给出优秀、良好、中等、及格、不及格等成绩；组长由指导教师根据其工作成果给出评价。小组成员成绩评定分为：

⊙优秀：乐于接受组长的安排，圆满完成组长分配的任务，积极配合组长的工作，工作过程积极主动，能提出有建设性的意见，具有团队精神。全组工作计划合理，执行有力，能解决工作过程中的突发问题，沟通能力强；有很强的学习能力和获取资料的能力，且有丰富的过程材料。策划书撰写规范，可行性强；婚礼现场设计与布置、宴会设计与布置、婚房设计与布置具有特色。

⊙良好：能接受组长的安排，完成组长分配的任务，并配合组长的工作，工作过程能主动，具有团队精神。全组工作计划合理，能执行计划，能在教师指导下解决工作过程中的突发问题，沟通能力强；有一定的学习能力和获取资料的能力，且有一定的过程材料。策划书撰写规范，可行性较强；婚礼现场设计与布置、宴会设计与布置、婚房设计与布置具有一定特色。

⊙中等：能接受组长的安排，完成组长分配的任务，并配合组长的工作，工作过程主动，具有一定的团队精神。全组工作计划较合理，并能执行计划，能在教师指导下解决工作过程中的突发问题，有一定的沟通能力；能在教师指导下完成相应的任务。

⊙及格：能接受组长的安排，完成任务情况一般，工作不够主动，全局观念一般。全组工作计划较合理，并能执行计划，基本完成工作任务。

⊙不及格：不参与活动。

小组组长成绩评定分为：

⊙优秀：具备小组成员成绩评定优秀，分配给组员的任务清晰合理，任务量适当，并做到人人都有事做，具有团队精神，充分调动组员的积极性。对工作过程中的突发问题有一定的预见性，沟通协调能力强，能很好地解决出现的问题；有很强的组织学习的能力，过程材料丰富，成果显著。

⊙良好：具备小组成员成绩评定良好及以上，并且分配给组员的任务合理，任务量适当，做到人人都有事做，具有团队精神。能预见并处理突发问题，沟通协调能力强；能组织小组成员进行学习，过程材料完整。

⊙中等：具备小组成员成绩评定中等及以上，能按照计划合理分配组员的任务，任务量分配一般，有一定的协调能力。能在教师督促下解决工作过程中的问题，有一定的沟通能力，有一定的过程材料。

⊙及格：具备小组成员成绩评定及格及以上，能尽组长职责，分配组员任务，协调能力一般；能在教师帮助下完成任务；有一定的过程材料。

⊙不及格：做工作后愿意担任组长一职，完成组长工作情况一般，沟通协调能力一般，能在教师帮助下基本完成任务，过程材料不全，完成情况差。

司仪训练评分表

成 绩	司仪词准备态度（40％）	司仪词演讲（40％）	司仪形象（20％）	备注
优	积极并有自己的创意	有激情及感染力	仪表及仪态极佳	
良	积极，网上下载	努力激情，但感染力不够	仪表一般仪态较好	
中 等	一般，但能完成	没有激情，只是念完	仪表及仪态一般	
及 格	不积极，只是完成	应付	无表情、无仪态	

书面作业：学习婚礼中的礼仪

A. 婚礼中新人的站位是怎样安排的？为什么？

B. 伴娘、伴郎起什么作用？如何着装？

C. 新娘捧花——花品？颜色？丝带？

D. 婚礼中的证婚人起何作用？应选什么身份的人比较合适？

E. 为什么要切蛋糕？如何切？

F. 婚戒带在哪只手的哪一个手指上？为什么？

G. 设计一份切合主题的婚宴请柬。

H. 婚礼时新娘一般着白色婚纱，新郎装有何讲究？领带的选择呢？

I. 婚礼一般都选较欢快的音乐，除了婚礼进行曲，你还会选择什么音乐？

J. 穿什么鞋是最合适新娘的？

K. 新人敬酒时应注意些什么？

L. 婚礼受邀客人赴宴时应该注意什么？

……

可以自主设计主题：＿＿＿＿＿＿＿＿＿＿＿＿＿＿＿＿＿。

"婚礼策划与实施"

相关记录表格

_____组"婚礼策划与实施"项目执行记录

指导教师: 记录人:

时　间	年　　月　　日	地　点	
组　长		组　员	
任　务			
过程记录			
每日心得			
任务完成情况	完成 □	未完成 □	未完成原因及补救措施:
小组成员表现	优秀	良好	中等	及格	不及格

_____班"婚礼策划与实施"项目每日例会记录

指导教师：　　　　　　　　　　　　　　　记录人：

时　间	年　　月　　日　时　分	地　点	
参加人员	（各小组组长及司仪）		
主要议题			
会议记录	各组长汇报：		
会议记录	教师指导：		
组长表现	优秀	良好	中等	及格	不及格

"婚礼策划与实施"项目总结报告

班　级		项目时间	
组　长		小组成员	

总结报告

"婚礼策划与实施"个人小结

班　级		项目时间	
姓　名		在项目中主要承担的任务	

个人小结

"婚礼策划与实施"项目指导教师指导记录

班　级		项目时间	
小　组		指导教师	

课程综合实践任务书

专业＿＿＿＿＿　　年级＿＿＿＿＿　　班级＿＿＿＿＿

　　根据专业教学计划安排及课程综合实践教学要求，现下达课程综合实践任务书，望能认真、高质量地按时完成任务。

项目名称	酒店婚礼策划与实施
实施时间	
参加学生	
项目重点训练综合能力描述	服务礼仪、客房服务、餐饮服务等理论知识的综合应用能力；酒店婚礼流程及策划与服务能力；观察事物、灵活应变能力；团队沟通协作能力；独立解决问题能力；信息处理及总结能力。
主要任务与要求	主要任务： 　　1.明确目的，完成课程综合实训前的任务安排。 　　2.完成婚礼前的策划及实施过程中的服务技能。 　　3.完成婚礼中的婚宴设计及实施过程中的服务技能。 　　4.完成婚房的设计与布置。 　　5.培养团队沟通协作及信息处理能力。 　　6.完成书面作业、课程综合实训报告及总结。 成果要求：　　， 　　1.完成书面作业、课综综合实训报告及总结。 　　2.完成课综综合实训过程中的照片拍摄及实施过程录像。 　　3.以小组的形式完成婚礼总策划书及场地布置、婚宴、婚房、现场服务策划书及司仪解说词。 　　4.完成过程记录。
学校指导教师	
企业指导教师	

创新创业综合实践项目实施方案

项目名称	酒店婚礼策划与实施			项目类型	课程综合实践
二级学院			项目负责人	联系电话	
指导团队					
合作企业			企业指导教师		
参加学生 (名单附后)	总人数	专业	班级	组长	联系电话
		酒店管理			

项目实施时间、进度安排及学生分工与要求	项目起止时间:自　　年　　月　　至　　年　　月 　　本项目以酒店常见的婚礼宴请活动为切入点,在教师的指导下将班里学生分成小组进行策划、组织实施场地布置、模拟真实的婚礼宴请流程服务,培养学生在实践中的创新能力与团队合作能力,体验细节服务,增强学生的专业技能,为今后指导学生实践与创业就业打下基础。 　　第一,将小组的学生进行明确分工,由教师(或班级选出的总负责人)布置相应的任务。第二,各组针对各自的任务,协调制定完成任务的工作计划。第三,实施计划。教师和总负责人要注意计划实施过程中出现的偏差,及时调整,保证计划顺利实施。第四,汇总分析。将所得的信息结果进行汇总,归纳分析并形成成果。 　　根据婚礼流程环节的需要,本项目以学生小组的形式进行,根据实际需要将学生分为指挥策划组、主持人(司仪)组、现场布置组、宴会设计布置组、婚房设计布置组、嘉宾组(也可不设,向外班邀请)、迎宾组、音效组等。针对不同组的任务要求,教师进行相应的指导。教师(或总负责人)召集各组负责学生,根据项目进展情况安排每天15分钟的协调沟通例会,以保证项目能够按预期顺利完成。 　　具体的实践及指导内容包括: 　　1.认清酒店婚礼策划及组织实施的服务目标; 　　2.熟悉婚礼整体流程,撰写婚礼、宴请等策划书; 　　3.在分项练习过程中熟练操作到模拟上岗; 　　4.在教师指导下的模拟岗位服务过程中发现问题; 　　5.比较分析问题的解决方法,并提出优化方案; 　　6.完成婚礼模拟并写出总结。

预期成果	学生婚礼策划书(含分项目策划书)、学生总结报告(含书面作业)。婚礼过程照片与录像。				

经费预算	序号	经费科目	经费金额	计算依据	备注
	1	项目指导课时费			
	2	婚礼场景布置			
	3	成果集成			
	项目总经费		<1000元		

项目负责人签名:　　　　　　　　　　　　二级学院负责人签名(盖章):

_____学年第____学期创新创业课程综合实践教学安排表

二级学院：

序号	项目基本信息				课程综合实践项目实施安排						
	项目名称	班级	专业	项目起止时间	指导教师	周数	具体时间	校内/校外	主要内容	具体地点	备注
1	酒店婚礼策划与实施		酒店管理								

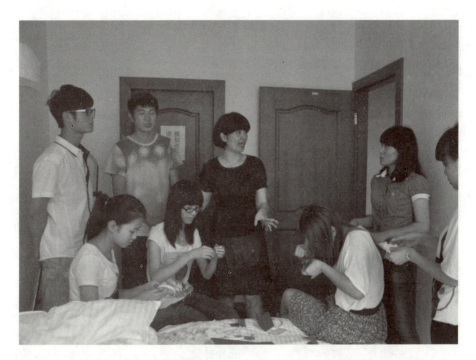

教师过程指导及小组讨论

学生上网搜资料

现场布置(2)

现场布置(3)

拍婚纱照

现场布置(1)

实战前的化妆准备

婚宴设计一角

司仪风采

现场布置

婚礼现场

婚房布置

礼仪服务(1)

礼仪服务(2)